400 SIMPLE EXPRESSIONS
FOR EFFECTIVE BUSINESS CONVERSATIONS IN ENGLISH

ビジネス英語
シンプル会話表現400

小島加奈子／
ロバート・J・トレーダー 著

Z会

はじめに

　英語で会話をする際,「完璧にしゃべらなくては」という焦りから,ちょっとしたミスでもパニックに陥ってしまっていませんか。もしくは,「失敗するくらいならしゃべらないほうがマシ」とばかりに話すのをすっかり他人任せにしてしまい,自分は口を閉ざして聞き役に徹してしまっていませんか。そうなると,英語はなかなか思うようには上達しません。

　「間違いを恐れない」。これが英語の上達にとって一番大事なことです。例えば,アメリカのような国では多くの外国人が一緒に働いているわけですから,完璧ではない英語を話す人がいて当然で,それを恥ずかしいことと考える人はほとんどいないでしょう。日本の会社で英語を話す場合でも,皆さんは英語のネイティブスピーカーではないのですから,ちょっとしたミスに気をもむ必要などまったくありません。

　完璧さを求めるよりももっと重要なのは,日本の言語や文化の常識をそのまま英語に当てはめないことと言えるかもしれません。例えば,日本では,目上の人を敬い,丁寧な言葉で接するという文化がありますが,英語圏の人々がより重視するのは「平等さ」であると言えます。ですから,目上の人に話しかける場合であっても,丁寧な表現を用いることには日本人ほどこだわらないのです。文化の考察は言語の応用に大変有用です。

　そしてもう一つ。実際に会話をする前に,言いたいフレーズを一度頭の中で言ってみることをお勧めしたいと思います。それから実際に口に出してみて,どれくらいうまく通じるかを確認してみましょう。本著では,ネイティブスピーカーが使う自然な英語表現をダイアローグ形式で多数紹介していますから,読んでいるだけで,実際に話しているのと同じように自然な会話に浸ることができます。ですから,「なかなか本場の英語が学べない」という方にも十分にご活用いただけることと思います。本著で取り上げている英語表現をどんどん活用してみてください。「自然な英語を話せるようになった！」と皆さんに言っていただけることを願ってやみません。どうか根気よくがんばってください。

　最後になりましたが,企画の段階から出版に至るまで熱心にアドバイスをしてくださったZ会編集部の鳥屋様,さまざまな形で本書の編集にご協力くださった皆様に心よりお礼申し上げます。本当にどうもありがとうございました。

2009年11月
小島加奈子
ロバート・J・トレーダー

CONTENTS

はじめに ……………………………………………… 3
CONTENTS …………………………………………… 4
本書の使い方 ………………………………………… 8

1. あいさつ　　　　　　　　　　　　　　　　　11
- 1-1　人事部の佐藤良男です。………………………… 12
- 1-2　お会いできてうれしいです。…………………… 14
- 1-3　どうぞよろしくお願いします。………………… 16
- 1-4　ここで働き初めて15年になります。………… 18
- 1-5　失礼いたします。(入室時のあいさつ)……… 19
- 1-6　お世話になっております。……………………… 20

2. 依　頼　　　　　　　　　　　　　　　　　　21
- 2-1　もう少し時間をいただけませんか？…………… 22
- 2-2　お休みをいただきたいのですが。……………… 24
- 2-3　至急，彼に折り返し電話をしてください。…… 26
- 2-4　この文書に目を通してくださいませんか？…… 28
- 2-5　英語のミスがあったら直してくださいますか？… 30
- 2-6　議事録のコピーをいただけませんか？………… 31
- 2-7　この機械の使い方を教えていただけませんか？… 32

3. 賞賛・感謝　　　　　　　　　　　　　　　　33
- 3-1　最近，本当にがんばっているね。……………… 34
- 3-2　これからもその調子でがんばって！…………… 36
- 3-3　あなたのおかげです。…………………………… 37
- 3-4　とても助かりました。…………………………… 38
- 3-5　感謝しています。………………………………… 39
- 3-6　恐れ入ります。…………………………………… 40

4. 苦情・謝罪・断り　　　　　　　　　　　　　41
- 4-1　これ以上のミスは許されません。……………… 42
- 4-2　これは重要だって言っておいたでしょう？…… 44
- 4-3　最近，注意散漫だよ。…………………………… 45
- 4-4　申し訳ありませんでした。……………………… 46
- 4-5　今後は気をつけます。…………………………… 48
- 4-6　すべて私の責任です。…………………………… 50
- 4-7　お手数をおかけします。………………………… 52
- 4-8　お手伝いできたらいいのですが。……………… 53
- 4-9　申し訳ないのですが，今は忙しくて手が離せません。… 54
- 4-10　残念ながらわかりません。……………………… 56
- 4-11　会議には出席できません。……………………… 58

5. 連絡・報告　　59

- 5-1　メールを転送しておきました。　　60
- 5-2　2部コピーをとっておきました。　　61
- 5-3　もう発送済みです。　　62
- 5-4　たった今，あなた宛ての荷物が届きました。　　63
- 5-5　すべて完了しました。　　64
- 5-6　プリンターが壊れてしまったようです。　　66
- 5-7　この書類をあなたに渡すように頼まれました。　　67
- 5-8　フィンレーさんが，あなたに話があるそうです。　　68
- 5-9　明日から出張です。　　69
- 5-10　7月5日に戻ってきます。　　70
- 5-11　今日の午後にクライアントと会う予定です。　　71
- 5-12　来週月曜日にジョンソンさんが来社されます。　　72
- 5-13　1週間お休みをいただきます。　　73
- 5-14　会議は中止されました。　　74
- 5-15　会議の予定が変更されました。　　76
- 5-16　ホープ・ワトソンさんから午前中にお電話がありました。　　77
- 5-17　折り返し電話してほしいとのことです。　　78

6. 質問・確認　　79

- 6-1　すみません，ちょっとよろしいですか？　　80
- 6-2　コピー用紙はどこにありますか？　　82
- 6-3　エアコンの温度を下げてもかまいませんか？　　84
- 6-4　この書類は誰が作成したのですか？　　86
- 6-5　この電話を使ってもいいですか？　　88
- 6-6　クライアントの携帯電話の番号は聞きましたか？　　90
- 6-7　どういう理由で遅刻したのですか？　　92
- 6-8　これで質問の答えになりましたか？　　94
- 6-9　これは誰のパソコンですか？　　96
- 6-10　会議には出席していただけますか？　　97
- 6-11　明日の会議は9時半開始ですよね？　　98
- 6-12　30日までに仕上げればよいのですね？　　100
- 6-13　まだ報告書を提出していませんよね？　　102

7. 提案・主張　　103

- 7-1　フェニックスさんに連絡してみましょうか？　　104
- 7-2　データをチェックしておきます。　　106
- 7-3　明日までにはすべて仕上げます。　　107
- 7-4　できるだけ早くやります。　　108
- 7-5　最善を尽くします。　　110
- 7-6　お話ししたいことがあるのですが。　　112

8. 電　話　　113

- 8-1　Ｚプランニングの佐藤良男です。　　114
- 8-2　お名前をお聞きしてもよろしいでしょうか？　　116
- 8-3　どのようなご用件ですか？　　118
- 8-4　お電話が遠いようなのですが。　　120
- 8-5　〜につないでいただきたいのですが。　　122
- 8-6　少々お待ちください。　　124
- 8-7　あいにくですが，山田はただ今不在にしています。　　126
- 8-8　彼の電話番号を教えていただけますか？　　128
- 8-9　伝言をお願いできますか？　　130
- 8-10　のちほどおかけ直しいただけますか？　　132
- 8-11　折り返しお電話差し上げるよう彼に伝えましょうか？　　134
- 8-12　電話番号を復唱いたします。　　136
- 8-13　失礼いたします。（電話を切る時のあいさつ）　　137
- 8-14　すみません，番号を間違えたようです。　　138
- 8-15　午前中にお電話をいただきました，佐藤です。　　140

9. 訪問・来客　　141

- 9-1　スーザン・マクドナルドさんですか？　　142
- 9-2　弊社へようこそいらっしゃいました。　　144
- 9-3　本日はお招きいただきありがとうございます。　　146
- 9-4　弊社を見つけるのに苦労しませんでしたか？　　148
- 9-5　何か飲み物はいかがですか？　　150
- 9-6　会議室までご案内します。　　152
- 9-7　本日はお越しくださりありがとうございました。　　154
- 9-8　気をつけてお帰りください。　　156

10. 会　議　　157

- 10-1　では会議を始めましょう。　　158
- 10-2　議題一覧表はお手元にありますか？　　160
- 10-3　〜について議論しましょう。　　161
- 10-4　次の議題に移りましょう。　　162
- 10-5　意見のある方は挙手をお願いします。　　163
- 10-6　あなたはどう思いますか？　　164
- 10-7　何かつけ加えることはありますか？　　166
- 10-8　彼と同意見です。　　167
- 10-9　すみませんが同意しかねます。　　168
- 10-10　そのアイディアについての問題点を挙げます。　　170
- 10-11　…してみてはいかがでしょうか？　　171
- 10-12　…すべきだと思います。　　172
- 10-13　〜を説明していただけませんか？　　174

10-14	手短にお願いできますか？	176
10-15	それはどういう意味ですか？	178
10-16	すみません，聞き取れなかったのですが。	180
10-17	今日はここまでにしましょう。	181
10-18	次の会議は来週の木曜日です。	182
10-19	会議にご出席くださいましてありがとうございました。	184

11. 商 談　　　　　　　　　　　　　　　　185

11-1	お話を始めましょうか？	186
11-2	サムが当サービスについてご説明いたします。	187
11-3	こちらが弊社の新製品です。	188
11-4	それは興味深いですね。	190
11-5	つまり…なのですか？	191
11-6	もう少しお安くなりませんか？	192
11-7	〜は承諾できません。	194
11-8	〜をどう思われますか？	196
11-9	弊社のサービスに興味をおもちいただき光栄です。	198
11-10	弊社製品がニーズに合うようでしたら，どうぞご購入をご検討ください。	200
11-11	来週の木曜日までにお返事いただきたいのですが。	202
11-12	来週お会いするまでに契約書を作成します。	204

12. プレゼン　　　　　　　　　　　　　　　205

12-1	今日は，〜についてお話しします。	206
12-2	話の後にディスカッションの時間を設けます。	208
12-3	スクリーンをご覧いただけますか？	210
12-4	こちらのグラフは〜を示しています。	212
12-5	〜をご覧いただいてわかるように，…	214
12-6	例えば，…	216
12-7	つまり，…	217
12-8	この件につきましてはのちほどお話しします。	218
12-9	どなたかご質問はありませんか？	220
12-10	私の意見では，…	222
12-11	わかりました。	224
12-12	おっしゃる通り，…	226
12-13	興味深い意見をありがとうございます。	228
12-14	ご清聴ありがとうございました。	230

ビジネスに役立つ語句リスト	231
表現 INDEX	238
キーワード INDEX	248

本書の使い方

本書は,「ビジネスシーンにおける定型表現を,英語ではどう言えばいいのだろう?」という疑問に答えるビジネス英会話表現集です。1つの見出し表現に対して2〜4通りの言い方を示し,短い会話の中でそれぞれの表現の使い方を紹介しています。

ページの構成

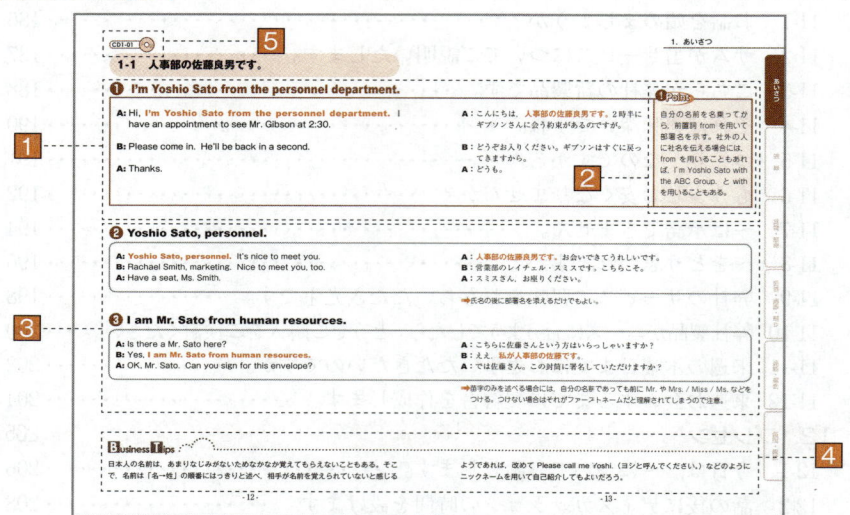

※1つの見出し表現を1ページで紹介しているページもあります。レイアウトは異なりますが,構成は共通です。

1 見出しとなっている日本語表現に対応する,最もスタンダードで使いやすい英語表現です。会話の流れの中における使い方を確認してください。

2 **1** の英語表現の解説です。単語の意味,文法事項,表現の特徴,使う時の注意点,関連情報などが盛り込まれています。ポイントを理解した上で表現を覚えることで,定着度が高まります。

3 見出しとなっている表現に対応する **1** 以外の言い方や,同じような状況において使えるその他の表現を紹介しています。会話や解説を読み,それぞれの特徴や使われ方を確認してください。

4 見出しとなっている表現が使われるようなビジネスシーンにおいて,上手に会話をするためのヒントを掲載しています。覚えておくと便利な表現なども多数紹介しています。

5 会話が収録された CD のトラックナンバーです。「CD1」の部分はディスクナンバーを表しています。1見出し表現につき1トラックで,すべての会話が収録されています。

ビジネスに役立つ語句リスト

部署名，役職名，数字の数え方など，仕事をする上で知っておくと便利な語句や表現をまとめています。会話の際だけでなく，Ｅメールやビジネス文書を作成する際にもご活用ください。

表現 INDEX ／ キーワード INDEX

● 「表現 INDEX」は，本書で扱っている見出し表現とそれに対応する英語表現の一覧です。英語表現を確認しながら今の状況に適した表現を探したい時にご活用ください。

● 「キーワード INDEX」は，言いたい表現に含まれるキーワードや言いたい内容に関連する語句から，見出しになっている日本語表現を探すことのできる索引です。

【 タイプ別おすすめ利用法 】

■「言いたい表現をすぐに知りたい」方は

「CONTENTS」,「表現 INDEX」,「キーワード INDEX」を使って，言いたい表現を検索。
↓
該当ページを開いたら，まず①の表現をチェック。会話も読んで，使い方を確認。
↓
続いて，②以降の表現にも目を通し，
会話の流れから，自分の状況にぴったりの言い方を見つけてください。
「これが言いたい」という場面で，適切な発言をすることができるようになります。

■「使える表現を覚えておきたい」方は

本書の冒頭から，もしくは自分に必要だと思う場面を扱っている章からスタート。
↓
CD で実際の話し方を確認しながら会話を読み，
見出し表現だけでなく，会話に出てくる表現をまるごと学習。
↓
CD にあわせて実際に声を出してみると，より効果的です。
見出しとなっている表現だけでなく，会話ごと覚えて，
やり取りを続けられる表現力を身につけましょう。

1. あいさつ

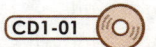

1-1 人事部の佐藤良男です。

❶ I'm Yoshio Sato from the personnel department.

A: Hi, **I'm Yoshio Sato from the personnel department.** I have an appointment to see Mr. Gibson at 2:30.

B: Please come in. He'll be back in a second.

A: Thanks.

❷ Yoshio Sato, personnel.

A: **Yoshio Sato, personnel.** It's nice to meet you.
B: Rachael Smith, marketing. Nice to meet you, too.
A: Have a seat, Ms. Smith.

❸ I am Mr. Sato from human resources.

A: Is there a Mr. Sato here?
B: Yes, **I am Mr. Sato from human resources.**
A: OK, Mr. Sato. Can you sign for this envelope?

Business **T**ips

日本人の名前は，あまりなじみがないためなかなか覚えてもらえないこともある。そこで，名前は「名→姓」の順番にはっきりと述べ，相手が名前を覚えられていないと感じる

1. あいさつ

A: こんにちは，**人事部の佐藤良男です**。2時半にギブソンさんに会う約束があるのですが。
B: どうぞお入りください。ギブソンはすぐに戻ってきますから。
A: どうも。

> **!Point**
> 自分の名前を名乗ってから，前置詞 from を用いて部署名を示す。社外の人に社名を伝える場合には，from を用いることもあれば，I'm Yoshio Sato with the ABC Group. と with を用いることもある。

A: **人事部の佐藤良男です**。お会いできてうれしいです。
B: 営業部のレイチェル・スミスです。こちらこそ。
A: スミスさん，お座りください。

➡ 氏名の後に部署名を添えるだけでもよい。

A: こちらに佐藤さんという方はいらっしゃいますか？
B: ええ，**私が人事部の佐藤です**。
A: では佐藤さん。この封筒に署名していただけますか？

➡ 苗字のみを述べる場合には，自分の名前であっても前に Mr. や Mrs. / Miss / Ms. などをつける。つけない場合はそれがファーストネームだと理解されてしまうので注意。

ようであれば，改めて Please call me Yoshi.（ヨシと呼んでください。）などのようにニックネームを用いて自己紹介してもよいだろう。

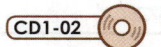

1-2 お会いできてうれしいです。

❶ It's nice to meet you.

A: It's nice to meet you.

B: It's nice to meet you, too.

A: Did you have a good flight?

❷ It's a pleasure to meet you.

A: It's a pleasure to meet you in person.
B: The pleasure is all mine.
A: Please sit down.

❸ I'm honored to meet you.

A: I'm honored to meet you, Ms. Gilbert.
B: Oh, thank you for inviting me as a guest speaker. I feel very privileged to be here.
A: The privilege is ours. Now please let me introduce you to our staff.

Business Tips

これまで会ったことのない来客をもてなす場合，外国の企業の場合でも，黒のスーツを選ぶのが無難である。姿勢を正し相手と握手をしながら，堂々とした態度であいさつしよう。遠路はるばるやってきた客には，I hope you had a good trip.（よい旅だったな

1. あいさつ

A：**お会いできてうれしいです。**

B：こちらこそ，お会いできてうれしいです。

A：飛行機の旅は快適でしたか？

> **!Point**
> 短縮して Nice to meet you. と言ってもOK。相手が社内の人の場合など，カジュアルな場面では，このようなあいさつは交わさず，Hello. だけで済ませることも多い。

A：直接**お会いできてうれしいです。**
B：こちらこそ。
A：どうぞお座りください。

➡ pleasure は「喜び」という意味の名詞。直訳すれば，「あなたにお会いすることは喜ばしいことです。」という意味。

A：ギルバートさん，**お会いできて光栄です。**
B：ゲストスピーカーとしてお招きいただきありがとうございます。ここに来られてとても光栄に思っています。
A：こちらこそ光栄です。では，スタッフにご紹介させてください。

➡ be honored to ... で「…できて光栄である」という意味。とてもフォーマルな表現で，主に特別なゲストに対して使う。

らいいのですが。）とねぎらうのもよいし，It's so good to have you with us today, Mr. Bach.（バックさん，本日はここでご一緒できて本当にうれしいです。）などと相手に感謝の意を伝えてもよいだろう。

1-3 どうぞよろしくお願いします。

❶ I'm looking forward to working with you.

A: Welcome to the team, Tina.

B: Thank you. **I'm** really **looking forward to working with you**.

A: So are we. Now, let me tell you about your job.

❷ I'm so excited to get to work with you.

A: I'm so excited to get to work with you on this new project!

B: I'm also really pleased!
A: Well, then, let's get started on it next week.

❸ I'm really happy to have the chance to work with you.

A: I'm really happy to have the chance to work with you.
B: I feel the same. I've heard nothing but good things about your work.
A: I'll do my best to live up to your expectations.

Business **T**ips

欧米では，新しい部署や職場であいさつをする時に自己紹介をすることはあまりなく，次の例のように別の人によって紹介されるのが一般的。
A: This is Yoshio Sato from Z Planning. Mr. Sato was the head of the accounting

1. あいさつ

A：チームにようこそ，ティナ。

B：ありがとう。**どうぞよろしくお願いします。**

A：こちらこそ。さて，あなたの仕事について話をさせてください。

!Point
日本語の「どうぞよろしく」にピッタリとあてはまる英語表現はない。今後の仕事に対する期待や喜びの気持ちを示す表現がそれに近いものになるだろう。"look forward to ＋名詞/動名詞"は「～を楽しみにしている」という意味。

A：この新しいプロジェクトで**あなたと一緒に働けるなんて本当にワクワクしています！**
B：私もとてもうれしいです！
A：では，さっそく来週から取りかかりましょう。

➡ be excited to ... で「…することに対してワクワクした気分でいる」という意味。

A：**あなたと働けるチャンスに恵まれて本当に幸せです。**
B：こちらこそ。あなたの仕事ぶりについてはよいことばかり耳に入ってきていますよ。
A：ご期待に応えられるようがんばります。

➡ be happy to have the chance to ... で「…するチャンスに恵まれて幸せだ」という意味になる。

---

department for over 20 years at his former company.
B: It's nice to meet you, Mr. Sato.
Mr. Sato: I'm happy to be here.

CD1-04

1-4 ここで働き始めて 15 年になります。

❶ It's been 15 years since I started working here.

A: How long have you been working here?	A：どれくらいの間ここで働いているのですか？
B: **It's been 15 years since I started working here.**	B：**ここで働き出して 15 年になります。**
A: Wow, that's a long time.	A：わあ，長いですね。

Point "have ＋過去分詞" は "継続" を表す現在完了形。since（〜以来）はある動作・状態が始まった時点を示している。

❷ I started working here 3 years ago.

A: You seem to know a lot about this company.	A：この会社についてよく知っているようですね。
B: Well, **I started working here 3 years ago**.	B：ええ，**ここで働き出したのは 3 年前ですからね。**
A: Only 3 years? I thought you'd been here forever!	A：たったの 3 年？ もっと長くここにいるのかと思っていました！

➡ start …ing は「…し始める」という表現。

❸ I have been employed here for 5 years.

A: Isn't it about time you got a promotion?	A：そろそろ昇進の時期じゃないかい？
B: Well, **I have been employed here for 5 years**.	B：そうですね，**ここに 5 年間勤めていますからね。**
A: I'll see what I can do.	A：僕に何ができるか確認してみることにしよう。

➡ 「5 年にわたってずっと雇用された状態にある」というのが直訳。for は「〜の間」という "期間" を表している。

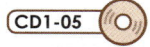

1. あいさつ

1-5 失礼いたします。(入室時のあいさつ)

❶ May I come in?

A: May I come in? B: Oh, I'm on the phone right now. Could you come back in about an hour? A: Sure. I'll see you later.	**A：失礼いたします。** B：おっと，今，電話中なんです。1時間くらいしてからまた来てくれますか？ A：わかりました。ではのちほど伺います。

!Point 英語の場合，入室前に許可を得ることはあっても，「失礼します」に該当する入室時のあいさつ表現はない。「失礼します。」= Excuse me. と考えてしまいがちだが，入室時のあいさつとして Excuse me. は使えないので注意。

❷ Is it all right if I come into your office?

A: Is it all right if I come into your office? I have something to tell you. B: OK. Sit down and tell me what it is. A: Thank you. Well, I just realized I made a mistake in my last report.	**A：オフィスに入ってもかまいませんか？** お話ししたいことがあるのですが。 B：わかりました。どうぞ座ってお話ください。 A：ありがとうございます。実は，前回の報告書にミスがあったことに気づいたんです。

➡ Is it all right if ...? で「…しても OK ですか？」という表現になる。

❸ Sorry to bother you, but can I come in?

A: Sorry to bother you, but can I come in for a second**?** B: What do you need? A: I want to borrow the key to the meeting room.	**A：お邪魔してすみませんが，ちょっと失礼いたします。** B：どうしましたか？ A：会議室の鍵をお借りしたいのです。

➡ Sorry to bother you, but ... は，忙しそうな相手に話しかける時の表現。

1-6 お世話になっております。

❶ It's a pleasure doing business with you.

A: It's a pleasure doing business with you. **B:** Yes, things have gone rather smoothly, huh? **A:** Indeed! I wish all of my deals were like this.	**A:** 一緒にお仕事させていただきうれしく思っております。 **B:** ええ、かなり順調に仕事が進みましたね。 **A:** 本当に！ どの取引もすべてこうだといいのですが。

!Point 「お世話になっております」にぴったり当てはまる英語表現はない。「一緒に仕事をすることができうれしいです」と述べることで、日ごろの感謝の気持ちを伝えることができる。It's a pleasure ...ing は「…できてうれしい」という意味。

❷ We really appreciate doing business with you.

A: We really appreciate doing business with you. **B:** Well, if you want to continue doing business together, then stop sending so many defective parts! **A:** I'm so sorry. It won't happen again.	**A:** そちら様とお仕事ができ本当にありがたく思っております。 **B:** もし今後もそうしたいのであれば、欠陥パーツを多く送ってくるのはやめてください！ **A:** すみません。もう二度とこのようなことは起こりませんので。

➡ appreciate ...ing で「…を感謝する」という意味。

Business Tips

日本語では、「お世話になっております」は頻繁に用いられる表現であるが、英語では、場合によってはやや卑屈に聞こえてしまうため、あまり日常的に用いられるものではないことに注意しよう。日ごろの感謝の気持ちを伝える表現としては、他に You've been most kind.（本当に親切にしていただいています。）などもある。

2. 依 頼

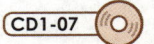

2-1　もう少し時間をいただけませんか？

❶ Could you give me some more time?

A: We would really like to have a more concrete proposal.

B: Well, in that case, **could you give me some more time?** How about rescheduling our next meeting for two weeks from today?

A: OK, but we expect something more appealing than what we heard today.

❷ Would it be possible to extend the deadline?

A: **Would it be possible to extend the deadline** on this assignment?
B: Why? What's taking so long?
A: Well, I still haven't heard from our branch office.

❸ Is it possible to get some extra time?

A: **Is it possible to get some extra time** to finish this?
B: OK. But I need it by noon tomorrow at the latest.

A: Thanks! I promise I will have it done by then.

Business Tips

How long do I have to wait?（どれくらい待てばよいですか？）, How much time do you need?（どのくらいの時間が必要なのですか？）などと，具体的にいつまでにならできるのかを問われたら，I should be able to finish it by next Tuesday.（来週の火曜まで

2. 依 頼

A: もっと具体的な提案が欲しいのですが。

B: ええと，そうであれば**もう少しお時間をいただけませんか？** 次回の会議を2週間後に変更してはどうでしょうか。

A: わかりました。でも，今日聞いた内容よりももっとおもしろいものを期待していますよ。

> **!Point**
> Could you ...? は丁寧な依頼表現。具体的にどのくらいの時間が必要かわかる場合は，some more time の代わりに one more day（あと1日），two more hours（あと2時間）のように表現することができる。

A: この仕事の**締切を延ばしていただくことは可能ですか？**
B: なぜです？ 何にそんなに時間がかかっているのですか？
A: まだ支社からの連絡がこないのです。

➡ extend は「（期日など）を延ばす」という意味の動詞。deadline は「締切」という意味。

A: これを仕上げるのに，**いくらか余分に時間をいただけませんか？**
B: いいでしょう。ただし，遅くとも明日の正午までには必要なものですからね。
A: ありがとうございます！ それまでには必ず終わらせます。

➡ extra time は最初から設けられている時間を超えた「余分な時間」のこと。

には終えることができると思います。）や One more day will do.（もう1日あれば大丈夫です。）などのように返答すればよい。

2-2 お休みをいただきたいのですが。

❶ I'd like to take some time off.

A: Now that the project is over, **I'd like to take some time off**.

B: When? And for how long?

A: For a week starting next Wednesday. Is that all right?

❷ Can I have a short vacation?

A: **Can I have a short vacation** starting tomorrow?
B: You've got all your work done, so sure, why not?
A: Thanks!

❸ Is it OK if I take Friday afternoon off?

A: **Is it OK if I take Friday afternoon off?**
B: It shouldn't be a problem. But why?
A: I have a dentist appointment.

Business **T**ips

休みにも，leave of absence（休暇），a paid day off（有給休暇），maternity leave（出産休暇），sick leave（病気休暇），parental leave（育児休暇）などいろいろな種類があ

2. 依頼

A：プロジェクトも終了したので，**ちょっとお休みをいただきたいのですが。**
B：いつですか？ どのくらいの期間ですか？
A：来週の水曜から1週間です。かまいませんか？

> **!Point**
> I'd like to ... で「…したい」という希望を述べることができる。"take ＋時期／期間＋ off" で「休みをとる」という表現になる。some time off は「数日間の休み」, a day off は「1日の休み」ということ。

A：明日から**短い休暇をとってもよろしいですか？**
B：仕事もすべて終わっていることですし，いいですとも！
A：ありがとうございます！

➡ Can I ...? は「…してもよいですか？」と許可を請う表現。

A：**金曜の午後にお休みをいただいてもよろしいでしょうか？**
B：問題ありませんが，どうしてですか？
A：歯医者の予約を入れてあるんです。

➡ Is it OK if ...? で「…してもよいですか？」という意味になる。Is it OK if I leave early today?（今日は早く帰ってもいいですか？）などの表現も覚えておくとよい。

....

る。病気のために当日休みの連絡を入れる場合には，I'm very sick and I won't be able to come in today.（今日はとても体調が悪いので仕事には行けません。）などと言えばよい。

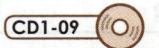

2-3 至急，彼に折り返し電話をしてください。

❶ Please call him back as soon as possible.

A: Mr. Wang called while you were out for lunch. He said he needed to talk to you urgently, so **please call him back as soon as possible**.

B: OK, I will.

A: He said he wanted you to call him on his cell phone.

❷ Would it be possible for you to return her call as soon as you can?

A: Do I have any messages?
B: Yes. Ms. Trina Drew called. **Would it be possible for you to return her call as soon as you can?**
A: OK. I'll call her now.

❸ Can you give Mr. John Roberts a ring right away?

A: **Can you give Mr. John Roberts a ring right away?**
B: What does he want this time?
A: I'm not sure, but he said he needed to talk to you urgently!

❹ If possible, could you phone him immediately?

A: **If possible, could you phone him immediately?**
B: Uh-oh. What's up?
A: He said something about a shipment being late.

2．依頼

A：あなたが昼食で留守にしている間に，ワンさんから電話がありました。緊急に話をしなくてはならないそうなので，**至急，折り返し電話をしてください。**
B：了解，そうします。
A：携帯電話に連絡してほしいとのことでした。

> **!Point**
> "please ＋動詞の原形＋ as soon as possible" の形で「すぐに…してください」という意味になる。さまざまな場面で応用がきくので，ぜひ覚えておこう。

A：何か私宛てに伝言はありますか？
B：はい。トリーナ・ドリューさんから電話がありました。**できるだけ早く折り返し電話をかけていただきたいのですが。**
A：了解。今すぐ電話してみます。

➡ return one's call で「〜に折り返し電話をかける」という意味。as soon as 人 can は「できるだけ早く」という意味。

A：**ジョン・ロバーツさんにすぐに電話をかけてくれますか？**
B：今回はどんな用件？
A：わかりませんが，緊急に話をする必要があるとおっしゃっていました。

➡ give 人 a ring は「（人）に電話をする」という意味。

A：**もし可能でしたら，すぐに彼に電話をかけてくれませんか？**
B：困ったな。何かあったの？
A：配送が遅れていることについて何かおっしゃっていましたよ。

➡ phone は「電話をかける」という意味の動詞として用いられている。

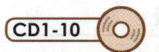

2-4 この文書に目を通してくださいませんか？

❶ Would you please take a look at this document?

A: What are you reading, Jonathan?

B: It's a document I received from Valerie Potter this morning. **Would you please take a look at this document?**

A: Sure, but what is it about?

❷ I'd really appreciate it if you'd look over this document.

A: **I'd really appreciate it if you'd look over this document.**
B: OK. When do you need it back?
A: Before 2:00 today.

❸ Would it be possible for you to read this document?

A: **Would it be possible for you to read this document?**
B: It is rather long, isn't it?
A: Yes, and rather complex.

Business Tips

職場の同僚にちょっとした助けを求めることはよくあることだが，その際には "Can you help me ＋動詞の原形?" という表現が役立つ。Ex. Can you help me analyze the data I've just received from my client?（たった今クライアントから受け取ったデータの分

2. 依頼

A：ジョナサン，何を読んでいるんですか？

B：今朝バレリー・ポッターから受け取った文書です。**この文書に目を通していただけますか？**

A：ええ，でも何に関する文書なんですか？

> **!Point**
> Would you please ...? は，「…していただけますか？」と相手にお願いする表現。take a look at 〜 は「〜をちらりと見る」という意味なので，後に this document を置けば「ざっと目を通してください」と伝えることができる。

A：**この文書にざっと目を通していただけるととてもありがたいのですが。**
B：了解しました。いつまでに必要なのですか？
A：今日の2時までです。

➡ I'd really appreciate it if ... は「…していただけると本当にありがたい」という意味の依頼表現。look over 〜 は「〜に目を通す」という意味。

A：**この文書を読んでみていただけませんか？**
B：かなり長いんでしょう？
A：ええ，それにかなり複雑です。

➡ Would it be possible for you to ...? は「…していただくことは可能ですか？」という意味の丁寧な依頼表現。

....

析を手伝ってもらえませんか？） また，自分から手助けしましょうと申し出る時であれば，Need any help?（手助けは必要ですか？）や I'm here if you need help with anything.（もし手伝いが必要なら私はここにいますから。）といった言い回しが便利だ。

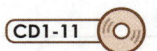

2-5 英語のミスがあったら直してくださいますか？

❶ Could you please correct any English mistakes?

A: I've finally finished writing this report in English. **B:** Good. It must have been tough writing it all in English. May I read it? **A:** Of course. If you don't mind, **could you please correct any English mistakes?**	**A:** とうとうこの報告書を英語で書き上げましたよ。 **B:** すごいね。全部英語で書くのは大変だったでしょう。読んでもいいですか？ **A:** もちろん。もしよければ，英語のミスを直してくださいますか？

!Point Could you please ...? は丁寧な依頼表現。タイプミスを確認してもらう場合には，typo（複数形 typos）という単語を使って Could you correct any typos? のようにお願いすることもできる。

❷ If you find any grammatical errors with my English, would you mind pointing them out to me?

A: **If you find any grammatical errors with my English, would you mind pointing them out to me?** **B:** Sure. No problem. **A:** Thank you so much. I'd really appreciate it!	**A:** 私の英語に何か文法的な間違いがあれば，ご指摘いただけませんか？ **B:** もちろん。いいですよ。 **A:** どうもありがとう。そうしていただけたら本当にありがたいです！

➡ mind ...ing は「…するのを嫌だと思う」が文字通りの意味。婉曲的に何かを依頼する表現。

Business Tips

人に何かを頼みたい場合，唐突に Please correct any English mistakes.（英語のミスを直してください。）のように言ってしまっては相手に失礼である。May I ask a favor of you? や Will you do me a favor?（頼みがあるのですが。）などとまず断りを入れてからお願いしてみるのもよいだろう。

2-6　議事録のコピーをいただけませんか？

❶ Could you give me a copy of the minutes?

A: Kenneth, **could you give me a copy of the minutes** of the previous meeting**?** B: Sure. I'll get it for you right now. A: Thank you.	A：ケネス，前回の**会議の議事録をもらえませんか？** B：いいですよ。すぐに用意します。 A：ありがとう。

!Point　Could you give me ～? は，「～をいただけますか？」と頼む時の丁寧な表現。議事録は minutes（発音は"ミニッツ"）と言う。

❷ Can I have a copy of the minutes?

A: **Can I have a copy of the minutes?** I'll make copies for you and see that they get distributed to everyone. B: Thank you so much! That would be a great help! A: No problem.	A：**議事録のコピーをもらえますか？** 私が代わりにコピーをとって全員に配るようにしますから。 B：どうもありがとう！ そうしてもらえるととても助かります！ A：いいんですよ。

➡ Can I have ～? は「私に～をくれませんか？」という意味。May I have ～? を使ってもよい。

Business Tips

議事録を社内メールで送付する場合は，I'll send you the meeting minutes via e-mail later.（会議の議事録はのちほどEメールでお送りします。）などと言えばよい。また，会議欠席者に直接議事録のコピーを渡す時には，Here's a copy of the meeting minutes I took yesterday.（昨日記録した会議議事録のコピーです。）などの表現が使えるだろう。

2-7 この機械の使い方を教えていただけませんか？

❶ Could you show me how to use this machine?

A: **Could you show me how to use this machine?** It seems to be out of order.	A：**この機械の使い方を教えてもらえませんか？** 故障しているようなのですが。
B: Well, all you have to do is push this button and it should work fine. See?	B：このボタンを押すだけできちんと動くはずなのですが。ほらね？
A: Oh, you're right. Thanks for your help.	A：ああ，その通りですね。助けてくれてありがとう。

!Point show という動詞には「見せる」という意味の他に「教える，示す」などの意味もあるので覚えておこう。また，how to ... で「…する方法」という意味になる。

❷ Would you mind telling me how this copier works?

A: **Would you mind telling me how this copier works?**	A：**このコピー機がどうやったら動くのか教えていただけませんか？**
B: What seems to be the problem?	B：何が問題なんですか？
A: Well, I can't get it to print on both sides of the paper!	A：ええと，両面印刷の設定ができないんです！

➡ "tell 人 ～" で「(人) に～を教える」という表現になる。

❸ Could you demonstrate the correct way to use this device?

A: **Could you demonstrate the correct way to use this device?**	A：**この機械の正しい使用法を見せていただけませんか？**
B: Sorry, but I am certainly no expert!	B：申し訳ないのですが，私も詳しくありませんので！
A: Well, who is then?	A：では，どなたならわかりますか？

➡ demonstrate という動詞には「実際にやって見せる」という意味がある。

3. 賞賛・感謝

3-1 最近, 本当にがんばっているね。

❶ You've been doing really well lately.

A: I had a talk with Mr. Harris and he agreed to sign the contract.

B: That's great news! **You've been doing really well lately.**

A: Thank you.

❷ I'm impressed with how hard you've been working recently.

A: Aren't you going out for lunch?
B: I will later. I'd like to finish what I'm working on first.
A: **I'm impressed with how hard you've been working recently.** If there is anything I can do to help, let me know.

❸ You've been doing a great job recently!

A: **You've been doing a great job recently!**
B: Does this mean I'm getting that raise I asked for?
A: Well, no, but we do appreciate all your hard work.

Business Tips

同僚や部下へのポジティブなフィードバックは職場の雰囲気を明るくするし、仕事をよりうまく進めるために不可欠なものでもある。次のような表現を参考にしてみよう。You really helped me get the job done on time.（この仕事を時間通りに終えるのに君の力

3. 賞賛・お礼

A：ハリスさんと話をして，契約にサインすることに同意してもらいました。
B：すごいね！ **最近，本当にがんばっているね。**
A：ありがとうございます。

> **!Point**
> have been ...ing で「ずっと…している」という意味。do well は「うまくやる」という意味で用いる。

A：お昼ごはんを食べに行かないんですか。
B：後にします。先に今やっている仕事を終わらせたいんです。
A：**あなたの最近のがんばりには感心しています。** 何か手伝えることがあれば言ってくださいね。

➡ be impressed with ～ で，「～に感銘を受けている」という意味になる。

A：**最近，すばらしい仕事ぶりですね！**
B：私が要求していた昇給が認められるということですか？
A：そうではありませんが，がんばって仕事をしてくれていることには感謝しています。

➡ do a great job は「いい仕事をする」という意味。

添えが本当に役立ったよ。） The quality of your research proposal is excellent. （君のリサーチ案はすばらしい。） I'm really looking forward to hearing more about your ideas. （君のアイディアについてもっと話を聞くのを楽しみにしているよ。）

- 35 -

CD1-15

3-2 これからもその調子でがんばって！

❶ Keep up the good work!

A: I heard your last project was a great success! B: Yes. It also drew the attention of millions of prospective clients. A: Great! **Keep up the good work!**	A：君の前回のプロジェクトは大成功だったと聞きました！ B：そうなんです。それに今後クライアントになるかもしれない大勢の人たちの注意を引くことができました。 A：すばらしい！ **これからもその調子でがんばって！**

Point keep up ～ は「～を保持する，継続する」という意味。直訳すれば，「よい仕事をそのまま続けてください」ということ。

❷ Continue doing such a good job!

A: I finished typing those e-mail responses you asked me to write. B: Great! **Continue doing such a good job!** A: I'll do my best.	A：頼まれていたEメールの返事をタイプし終えました。 B：すばらしい！ **これからもよい仕事を続けてくださいね！** A：最善を尽くします。

➡ continue は「続ける」という意味の動詞。continue ...ing で「…し続ける」という意味になる。

Business **T**ips

職場の雰囲気をよくするのに，必ずしも長いフレーズが必要なわけではない。まずは次のような短いフレーズから，頻繁にオフィスで使ってみるといいだろう。Nice job!（よくできてるね！） Very impressive!（すばらしい！） I'm impressed!（すごいもんだ！） Well done!（よくやったね！） Amazing effort!（すごく努力していますね！）

3. 賞賛・お礼

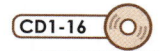

3-3 あなたのおかげです。

❶ I owe it to you.

A: Well, I've checked the report and made corrections for you, Madison. Here it is.	A：報告書のチェックと訂正が終わりましたよ，マディソン。さあ，どうぞ。
B: Thank you so much. I guess I can give it to Mr. Hawk by noon, and **I owe it to you**.	B：どうもありがとうございます。これで正午までにホークさんに提出できます。**これもあなたのおかげです。**
A: You can count on me any time.	A：いつでも頼ってください。

!Point owe ～ to 人 で「～に関して（人）のおかげをこうむる」という意味になる。

❷ It's all because of you.

A: They signed the contract, and **it's all because of you**!	A：彼らが契約書にサインしてくれました。**すべてあなたのおかげです！**
B: Well, not really. It was a team effort.	B：そんなことはありません。チームでがんばったのですから。
A: Don't be modest!	A：謙虚になることなんてありませんよ！

➡ because of ～ は「～のため」と"原因・理由"を表す言い方。

❸ thanks to ～

A: What's up with the delay in production?	A：生産の遅れはどうなっていますか？
B: Well, **thanks to** David, the problem has been solved.	B：デイビッド**のおかげで**，問題は解決しました。
A: That's great news!	A：それはいいニュースですね！

➡ thanks to ～ で「～のおかげで」という意味になる。

- 37 -

3-4 とても助かりました。

❶ You really helped me.

A: **You really helped me**, Laura. **B:** It's OK. I'm glad I could be of help. **A:** Thank you. Well, let's go to lunch. My treat!	**A:** **とても助かったよ**，ローラ。 **B:** いいのよ。手助けができてうれしいわ。 **A:** ありがとう。ランチに行こう，僕のおごりで！

!Point 直訳すれば「あなたは本当に私を助けてくれました。」となる。help は「手伝う，助ける」という動詞としても「助け」という名詞としても使われる。

❷ You've been a great help!

A: **You've been a great help!** I can't thank you enough for all you've done! **B:** Maybe we can work together on another project again sometime. **A:** I hope we can!	**A:** **あなたにはとても助けられました！** あなたのしてくれたことに対してはお礼の言いようもありません。 **B:** またいつか別のプロジェクトでもご一緒できるかもしれませんね。 **A:** そうだといいですが！

➡ You've been ～ は「過去のある時点から現在までずっと」という"継続"のニュアンス。

❸ You've been instrumental.

A: **You've been instrumental** in increasing sales this month! **B:** Thank you, but I couldn't have done it without this wonderful team. **A:** I hope you all can make it happen again next month.	**A:** 今月の売上を伸ばすのに**君の力が役に立ったよ！** **B:** ありがとうございます。ですが，このすばらしいチームがなければできないことでした。 **A:** 君たち全員で来月もこの調子でがんばってくれることを望んでいます。

➡ instrumental は「役に立つ」という意味の形容詞として用いられている。

3-5　感謝しています。

❶ I'm really thankful.

A: I hope you are enjoying working with the team, Jennifer. B: I am. **I'm really thankful** for the opportunity you've given me. A: Everyone tells me you are doing great.	A：チームとの仕事を楽しんでいるならよいのですが，ジェニファー。 B：大丈夫です。このような機会を与えてくださり**本当に感謝しています**。 A：みんなから，あなたはよくやっていると聞いていますよ。

Point thankful は「ありがたく思っている」という意味の形容詞。I'm thankful for ～ とすれば，具体的に何に対して感謝しているのかを表現できる。

❷ I'm grateful.

A: You are the leader on this project, Benson. B: **I'm grateful** for this opportunity to show you what I can do. A: I'm sure you will do a wonderful job!	A：ベンソン，あなたがこのプロジェクトのリーダーです。 B：僕に何ができるかをお見せできる機会をいただけて，**ありがたく思います**。 A：あなたなら必ずすばらしい仕事ができるでしょう！

➡ grateful for ～ で「～に感謝している」という表現になる。

❸ I appreciate ～．

A: **I appreciate** the trust you've given me. B: Well, we believe you are ready for the position of manager. A: I won't let you down!	A：私のことを信用していただき，**ありがとうございます**。 B：君なら部長の職につく準備ができていると思っていますよ。 A：がっかりはさせません！

➡ appreciate は「ありがたく思う」という意味の動詞。後に名詞を続ければ，「～をありがたく思う」という意味の表現になる。

3-6　恐れ入ります。

❶ Thank you so much.

A: I'm supposed to make copies of the handouts, but I need to go to the station to pick up Mrs. Hanes now!	**A:** これらの配布資料のコピーをとらないといけないのだけど，もう駅にヘインズさんを迎えに行かないと！
B: I'll make copies for you, Miranda. Ten copies of each handout?	**B:** ミランダ，私が代わりにコピーをとりましょう。各10部ですか？
A: Yes, that'll be enough. **Thank you so much.**	**A:** ええ，それで十分です。**恐れ入ります。**

!Point 日本語の「恐れ入ります」と同じ状況で使う英語表現は，sorry のような謝罪表現ではなく，thank you といった感謝の表現になる。恐縮するのではなく，素直に感謝の気持ちを伝える姿勢をもとう。

❷ I don't know how to thank you enough.

A: Susan, I fixed the printer while you were out for lunch.	**A:** スーザン，君がランチに出ている間にプリンターを直しておいたよ。
B: **I don't know how to thank you enough** for your help.	**B:** 助けていただき，**恐れ入ります。**
A: Oh, that's OK. I basically only removed jammed paper from the printer.	**A:** いや，いいんだよ。基本的にはプリンターから詰まっていた紙を取り除いただけだからね。

➡ 直訳すると「どのようにしたらあなたに十分なだけお礼を言えるのかわからない」となる。「感謝してもしきれない」というニュアンス。

Business Tips

「恐れ入ります」を感謝の表現ではなく「すみません」という意味で使う場合には，Excuse me. などの表現になる。Ex. <u>Excuse me</u>, but may I ask your name?（恐れ入りますが，お名前を伺ってもよろしいでしょうか？）

4. 苦情・謝罪・断り

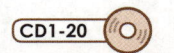

4-1 これ以上のミスは許されません。

❶ We can't allow any more mistakes.

A: I'm really sorry for the typos. The corrections are in red.

B: Adrian, **we can't allow any more mistakes**. We have already received complaints from the readers.

A: I promise I'll be more careful from now on.

❷ You've been making far too many mistakes recently.

A: **You've been making far too many mistakes recently**, John.
B: I'm sorry, but I've been swamped with so much to do.
A: I know, but we all are. You have to manage, John.

❸ There have been too many mistakes, and this has got to stop!

A: So, what did you think of my report?
B: **There were too many mistakes, and this has got to stop!**
A: Sorry, but I'm doing my best.

Business **T**ips

仕事上のミスを「これ以上は許せない」と注意する場合，具体的にどのような問題が生じているのかを指摘すると説得力がある。We've already lost 10 clients.（もう10人もクライアントを失ったんだよ。），Our boss is really concerned about the situation.（僕

4. 苦情・謝罪・断り

A：タイプミスの件，本当にすみません。赤で修正してあります。
B：エイドリアン，**これ以上のミスは許されません**。すでに読者から苦情が届いているんです。
A：今後はもっと気をつけると約束します。

> **Point**
> allow は「許す，許容する」という意味の動詞。any more は否定文の中で用いて「これ以上の」という意味になる。any more delay（これ以上の遅れ），any more expenses（これ以上の出費）などと言い換えて使える。

A：ジョン，**このところあまりにもミスが多いですよ**。
B：すみません。ですが，あまりにもやることが多すぎて多忙なのです。
A：そうでしょうが，それは皆同じです。何とかやってくれなきゃ，ジョン。

➡ 直訳すると「あまりにも多くのミスをし続けている」となり，許容範囲を超えているというニュアンスになっている。

A：私の報告書をどう思われましたか？
B：**ミスが多すぎるよ。どうにかしてもらわないと！**
A：申し訳ありません。でも私も最善を尽くしているんです。

➡ have got to ... は「…しなくてはならない」という意味。

たちの上司はこの状況をとても心配しているんだ。）など，あわせて言えるようにしておきたい。

4-2 これは重要だって言っておいたでしょう？

❶ I told you it was important, didn't I?

A: What? You failed to tell Mr. Gilbert about the meeting? B: It completely slipped my mind! I'm terribly sorry! A: **I told you it was important, didn't I?**	A：何？ ギルバートさんに会議のことを話さなかったって？ B：完全に忘れていました！ 本当にすみません！ A：**これは重要だって言っておいたでしょう？**

> **Point** 文末に didn't I? をつけ，念押しや確認の意味合いを加えた文章。文末につけるこの2語は，主節の文章が否定なら肯定，肯定なら否定となる。

❷ I warned you this was serious, right?

A: I just got demoted. B: Well, **I warned you this was serious, right?** A: I know, but stuff happens sometimes!	A：たった今降格したよ。 B：**重大な状況だって注意しておいたよね？** A：わかっているけど，どうしようもないこともあるんだよ！

➡ 文末に right? をつけ加えても念押し・確認の意味合いになる。

❸ I informed you about the seriousness of this matter, didn't I?

A: **I informed you about the seriousness of this matter, didn't I?** B: Yes, and I sent out a memo about it to our staff last Thursday. A: Despite that, one of your workers has already broken the new rule!	A：**この件がどんなに重大かは言っておいたでしょう？** B：ええ，ですので，課員にはそれに関するメモを先週の木曜日に送っておいたのですが。 A：にもかかわらず，従業員の1人がもう新しい規則を破ったとは！

➡ inform は「知らせる」，seriousness は「重大さ」の意味。

4-3 最近，注意散漫だよ。

❶ You've been inattentive lately.

A: You've been inattentive lately, Meg. Are you all right? **B:** I'm fine. It's just that I've been quite busy lately. **A:** I see. If there is anything I can do, just let me know.	**A:** 最近，注意散漫だよ，メグ。大丈夫かい？ **B:** 大丈夫です。ただ最近かなり忙しいもので。 **A:** そうか。何か私にできることがあったら言うんだよ。

Point "have / has + been +形容詞"で「しばらくの間ずっと～だ」という意味になる。Ex. I've been sick.（しばらく調子が悪いんです。）

❷ Pay more attention to what you are doing!

A: Pay more attention to what you are doing! **B:** Sorry. I've got some problems at home. **A:** That's no excuse! Don't bring your home problems to work with you.	**A:** 自分のしていることにもっと注意を払いなさい！ **B:** すみません。家でいくつか問題を抱えているもので。 **A:** そんなこと理由になりませんよ！家庭の問題を職場に持ち込まないでください。

➡ pay attention to ～ で「～に注意を払う」という意味。「今よりもっと」というニュアンスを出したい場合には，more attention となる。

❸ You seem distracted recently.

A: You seem distracted recently. What's the matter? **B:** Well, my mom's been sick in bed for a week. **A:** I'm sorry to hear that!	**A:** 最近，注意力が散漫のようです。どうしたんですか？ **B:** えっと，母親が1週間ずっと病気で寝込んでいるんです。 **A:** それはお気の毒に！

➡ distracted は，考え事やら心配事があって集中できない様子を表す形容詞。

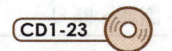

4-4 申し訳ありませんでした。

❶ I'm really sorry.

A: How come you didn't contact your client yesterday?

B: **I'm really sorry.** I didn't know he was expecting me to call him.

A: I think you should give him a call and apologize.

❷ We apologize …

A: We sent you the wrong product by mistake. **We apologize** for any inconvenience this may have caused you.
B: Should I send it back or will you come and collect it?
A: We'll send someone over to collect it as soon as possible.

❸ I'd like to personally apologize …

A: **I'd like to personally apologize** for the delay.
B: Well, I guess it can't be helped.
A: We are doing everything possible to get the shipment to you by next Friday.

Business Tips

謝罪や後悔の意思があり，反省していることを伝えたい場合には，I feel terrible.（ひどい気分です。），I feel horrible.（最悪な気分です。），I really regret it.（本当に後悔してい

4. 苦情・謝罪・断り

A：どうして昨日クライアントに連絡を入れなかったんですか？

B：**申し訳ありませんでした。**私からの電話をお待ちだとは知らなかったのです。

A：電話を入れて謝罪すべきだと思いますよ。

> **!Point**
> sorry を用いた謝罪表現には，sorry for ～ や sorry (that) ... などがある。Ex. I'm sorry for the delay.（遅れてすみません。），I'm sorry (that) I've kept you waiting so long.（長くお待たせしてすみません。）

A：誤って異なる製品をお送りしてしまいました。ご迷惑おかけして**申し訳ありません**。

B：送り返しましょうか，それとも取りにきていただけますか？

A：なるべく早急にこちらから受け取りの者を伺わせます。

➡ apologize は「謝罪する」という意味の動詞。apologize for ～ で「～について謝罪する」という意味になる。

A：遅れにつき，**私個人といたしましても謝罪したいと思います。**

B：いたしかたないですね。

A：来週の金曜までには出荷品をお届けできるよう，できることはすべていたしております。

➡ I'd like to ... は「…したいと思う」という表現。

....

ます。）などの表現を使うとよいだろう。

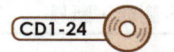

4-5　今後は気をつけます。

❶ I'll be careful from now on.

A: Look. The data you entered is wrong.

B: I'm sorry. **I'll be careful from now on.**

A: I hope you will.

❷ I won't make the same mistake again.

A: I'm so sorry I'm late, Mr. Springer. I was looking for the documents you asked me for.
B: That's OK. I didn't get here on time, either.
A: I should've prepared them in advance. **I won't make the same mistake again.**

❸ I promise I'll be more thorough from now on.

A: What is your problem? I found 6 mistakes already!
B: Oh, sorry! **I promise I'll be more thorough from now on.**
A: Check your work and then double check!

Business Tips

英語の場合，自分に非がないのであれば，I'm sorry. や I'll be more careful from now on. などの儀礼的な謝罪は不要。ただし，相手の言い分が間違っていても相手を責めるのではなく，丁寧に事実だけを伝えよう。また，話の最後に Thank you for taking the

4. 苦情・謝罪・断り

A：見てごらん。君が入力したデータは間違っているよ。
B：すみません。**今後は気をつけます。**
A：そうしてもらいたいものだね。

> **!Point**
> from now on は「今後は」という意味。「もっと気をつける」と言いたい場合は more careful に変えて言えばよい。

A：遅れてしまい本当に申し訳ありません，スプリンガーさん。頼まれていた書類を探していたもので。
B：いいんですよ，僕も時間通りにはここに到着できませんでしたから。
A：事前に準備しておくべきでした。**同じようなミスはもうしませんので。**

➡ make the same mistake は「同じミスをする」という意味。「二度と…しない」は won't ... again で表現する。

A：一体どうしたっていうんですか？ もう6つもミスを見つけましたよ！
B：ああ，すみません！ **今後はもっと気をつけます。**
A：仕事内容は一度ではなく二度チェックするように！

➡ thorough は「周到な，徹底的な」という意味の形容詞。

---

time to talk to me about the problem.（その問題について私に話をする時間を取ってくれて，ありがとうございました。）とつけ加えれば，お互いに嫌な雰囲気のまま仕事に戻ることも回避できる。

4-6 すべて私の責任です。

❶ It's entirely my fault.

A: I can't believe we lost the contract.

B: **It's entirely my fault.** I wasn't doing my job properly.

A: It's not just your fault. We all are to blame.

❷ I am the one to blame.

A: This file has some incorrect data.
B: Oh, **I am the one to blame**. I entered the data into the computer.

A: Well, enter the correct data now. Mr. Cameron has been waiting to see it for a long time.

❸ It's all my responsibility.

A: Why isn't the conference room set up for today's meeting?
B: I know **it's all my responsibility**, but I just haven't had time yet.
A: Well, do it now before it's too late!

Business Tips

職場で何らかの失敗をした場合には，It happened because ...（…という理由でそれは起こったのです。）のように失敗が起こった経緯を説明したり，場合によっては It was

4. 苦情・謝罪・断り

A：その契約を失ってしまったなんて，信じられない。
B：**すべて私の責任です。**自分の仕事をきちんとこなしていませんでした。
A：君だけの責任ではないよ。僕たち全員の責任だ。

> **!Point**
> fault は「（誤り・落ち度の）責任」という意味の名詞。It's all my fault. という言い方もできる。

A：このファイルには不正確なデータが含まれているよ。
B：ああ，**それは私の責任です**。データをコンピュータに入力したのは私ですから。
A：今すぐ正しいデータを入力してください。キャメロンさんはずっとそのファイルを待っているのですから。

➡ blame は「責める」という意味の動詞。the one to blame は直訳すると「責められるべき者」となる。

A：今日の会議用に会議室が用意されていないのはなぜですか？
B：**私の責任だ**ということはわかるのですが，まだそれをする時間がないのです。
A：間に合わなくなる前に用意してください！

➡ responsibility は「責任，責務」の意味。文全体では，「その仕事に対する責任は自分が負っている」という意味合いになる。

---

unavoidable.（やむを得なかったのです。）や It was an accident.（予期せぬ出来事だったのです。）などとその時の状況を伝えてもよいだろう。

4-7　お手数をおかけします。

❶ I'm sorry for the trouble.

A: OK, I'll install the software for you. **B:** I'm sorry for the trouble. **A:** No problem. It should be ready in an hour or so.	**A：**ではソフトウェアのインストールをして差し上げましょう。 **B：**お手数おかけします。 **A：**いいんですよ。1時間かそこらでできますからね。

!Point　be sorry for 〜 で「〜をすまなく思っている」という意味。trouble は「面倒」という意味の名詞として用いている。

❷ Sorry to take up your time.

A: Emily, would it be possible to translate this sentence into Japanese? **B:** Sure. Let me see it. **A:** Sorry to take up your time. I really appreciate it.	**A：**エミリー，この文章を日本語に訳してくれませんか？ **B：**いいですよ。見せてください。 **A：**お時間をとらせてしまいすみません。恩に着ます。

➡ take up 〜 は「(時間・場所など)をとる」という意味。

Business Tips

職場でも誰かに手助けをしてもらうことが多いが，そんな時に I hope it's not too much trouble.（あまりお手間を取らせることにならないといいのですが。）というひとことが言えると相手も気分よく仕事をしてくれることだろう。反対に自分が「お手数かけます」と言われたら，Oh, it'll only take a minute or two.（1，2分しかかかりませんよ。），Don't worry about it. It's nothing.（心配ご無用です。たいしたことありませんから。），No big deal. / No trouble.（ちっとも面倒なんかじゃないですよ。），No problem.（かまいませんよ。）などと返答してもよい。

4-8　お手伝いできたらいいのですが。

❶ I wish I could help.

A: Sam, can you lend a hand? I need some help.
B: Sorry, but I'm attending a meeting soon. **I wish I could help**, though.

A: It's OK. I totally understand.

A：サム，手伝ってくれない？ 手助けが必要なの。
B：悪いけど，もうすぐ会議に出ることになっているんだ。**手伝えたらいいんだけど。**

A：いいわ。よくわかったから。

Point wish は，希望に反して実際にはできないことに対して用いている。

❷ I wish there were something I could do, but ...

A: My computer crashed again!
B: **I wish there were something I could do, but** I don't know anything about computers.
A: Well, I guess I'd better head over to tech support.

A：またコンピュータがクラッシュしたよ！
B：**何かしてあげられたらいいんだけど，**コンピュータについては無知なもので。
A：テクニカル・サポートに出向いたほうがよさそうだね。

➡ 直訳すると，「私にできる何かがあればよいのですが（実際にはない）。」という意味。

❸ I'd love to help you ..., but ...

A: Do you know how to use this new accounting software?
B: Well, **I'd love to help you** figure it out**, but** I know next to nothing about software.
A: OK. I'll check the manual one more time.

A：この新しい会計ソフトの使い方を知っていますか？
B：解決の**手助けをしてあげたいところですが，**ソフトウェアについてはほぼ何も知らないんです。
A：わかりました。もう一度マニュアルを見てみます。

➡ I'd love to ... で「(喜んで) …したい」という意味。

CD1-28

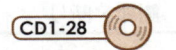

4-9　申し訳ないのですが，今は忙しくて手が離せません。

❶ I'm sorry, but I'm really busy right now.

A: Could you call Mr. Johnson for me?

B: **I'm sorry, but I'm really busy right now.**

A: Well, then I guess I can do it myself.

❷ Sorry, but my schedule is completely full!

A: Could you give me a hand with this data entry stuff?
B: **Sorry, but my schedule is completely full!**
A: OK. I'll try to find someone else.

❸ I'm sorry, but I'm all tied up right now.

A: Gilbert, could you help me fix this copy machine?
B: **I'm sorry, but I'm all tied up right now.**
A: OK, I'll ask someone else then.

Business Tips

何かを依頼されたけれども引き受けられない場合，できることなら感じのよい断り方をしたいところだ。I'm swamped right now, but can you get back to me on this in about

4. 苦情・謝罪・断り

A：私の代わりにジョンソンさんに電話してくれませんか？
B：**悪いんですが，今，本当に忙しいんです。**
A：そうですか，では自分でかけます。

> **Point**
> 「忙しい」を表現する一番シンプルな表現が busy。right now は「現時点で，目下」という意味。

A：データの入力作業を手伝っていただけませんか。
B：**申し訳ないんだけど，スケジュールがびっしり詰まっているんです！**
A：いいですよ。誰か他の人を探してみます。

➡ My schedule is full. は，他に何かをする余裕がないほど予定がぎっしり詰まっている時に用いる表現。

A：ギルバート，このコピー機の修理を手伝ってくれない？
B：**申し訳ないのですが，今は忙しくて手が離せません。**
A：そう，じゃあ他の人に頼みます。

➡ be tied up は忙しくて他にはまったく手が回らないという状況を表す表現。

an hour?（今は忙しいけれど，1時間くらいしたらまた来てくれますか？）などのように代替案を提示するのもよいだろう。

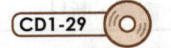

4-10 残念ながらわかりません。

❶ I'm sorry, but I have no idea.

A: Why did this happen?

B: I'm sorry, but I have no idea. Perhaps you should talk to Tom. He's the one in charge.

A: OK. Do you know where he is?

❷ Sorry, but I haven't got a clue!

A: Can you decipher this handwriting?
B: Sorry, but I haven't got a clue!
A: I can't even guess who wrote it much less what it's about!

❸ I'm not really sure.

A: When will the new products from V&E International arrive?
B: I'm not really sure.
A: Would you call them and ask for an approximate arrival date?

❹ Sorry, but it's all Greek to me.

A: Do you understand these instructions?
B: Sorry, but it's all Greek to me.
A: Oh well. I have absolutely no idea how to use this machine!

4. 苦情・謝罪・断り

A：どうしてこんなことが起こったんだ？

B：**残念ながらわかりません。** トムに話をされたらいいかと思います。彼が責任者ですから。

A：そうか。彼がどこにいるのか知っているかい？

> **!Point**
> have no idea で「わからない，見当がつかない」という意味。I don't know. よりも穏やかな言い方。

A：この字が判読できますか？
B：**残念ですが皆目わかりません。**
A：誰が書いたかもわからないのに，まして何が書いてあるかなど想像もつきません！

➡ clue は「解決するための糸口」という意味で用いられている。

A：V&E インターナショナル社からの新製品はいつ入荷しますか？
B：**はっきりとはわかりません。**
A：電話をして，いつ頃到着するのか聞いてくれませんか？

➡ sure は「確信している」という意味の形容詞。not really sure だと，「確かなことはわからない」という意味合いになる。

A：これらの説明が理解できますか？
B：**悪いけどチンプンカンプンです。**
A：ああ。この機械の使い方がまったくわからないよ！

➡ Greek（ギリシャ語）は読んでも理解できないほど難しい言語であることから，チンプンカンプンだという場合にたとえとして用いられる。

4-11 会議には出席できません。

❶ I can't attend the meeting.

A: You'll be attending the meeting tomorrow, won't you? **B:** I'm afraid **I can't attend the meeting** because I'm going to visit my client. **A:** Oh, are you? Good luck!	**A**：明日会議には出席するんですよね？ **B**：申し訳ないのですが、クライアントに会いに行くので**会議には出席できません。** **A**：ああ、そうなんですか？がんばってください！

Point attend は「出席する」という意味。前置詞は不要なので、attend to ～ などとしないように注意しよう。

❷ I'm unavailable to attend the meeting.

A: Will you attend the meeting? **B:** **I'm unavailable to attend the meeting** tomorrow as I have an appointment to meet Mr. Chang. **A:** Oh, really?	**A**：会議には出席しますか？ **B**：明日はチャンさんとお会いする約束がありますので、**会議には出席できません。** **A**：え、本当ですか？

➡ unavailable には「手が空いていない」という意味がある。

Business Tips

どうしても避けられない予定が入っている場合は会議などの欠席もやむを得ないが、欠席を伝える時には I wish I could attend the meeting with you.（一緒に会議に参加できたらいいのですがね。）, I'll definitely attend the meeting to be held next month.（来月開催される会議には絶対に出席します。）などとひとことつけ加えるとなおよいだろう。

5. 連絡・報告

5-1　メールを転送しておきました。

❶ I forwarded the e-mail.

A: Does everyone know the meeting has been postponed to May 15?	**A:** みんな会議が5月15日に延期されたのは知っているのかな？
B: I think so. **I forwarded the e-mail** from the chairperson to everyone.	**B:** そう思いますよ。議長からの**Eメールを全員に転送しておきました**から。
A: Oh, did you? Thank you, Katrina!	**A:** え，本当？ カトリーナ，ありがとう！

!Point　forward は「転送する」という意味の動詞として用いることができる。送り先は to ~ で表す。

❷ I've sent you the e-mail from ~.

A: Will you tell me more about the event taking place at Z Planning tomorrow?	**A:** 明日Zプランニング社で行われるイベントについて，もう少し教えてくれませんか？
B: Oh, **I've sent you the e-mail from** the person in charge. It should explain what's going on.	**B:** ああ，担当者**からのEメールをあなたに転送しておきましたよ**。それを読めばおわかりいただけるはずです。
A: OK, I'll check it right now. Thank you.	**A:** わかりました。すぐに確認してみます。ありがとう。

➡ forward（転送する）という語を使わず，「~からのEメールを…に送る」と表現することもできる。

Business Tips

自分宛てに送られてきたメールを誰かに転送する場合，事前に送り主の許可を得るのがマナー。May I forward your e-mail to Mr. Hilton and Ms. Hagen for their comments?（ご意見をいただくために，ヒルトンさんとヘイゲンさんにあなたからのEメールを転送してもかまいませんか？）などと断りを入れよう。

5-2 2部コピーをとっておきました。

❶ I made 2 copies of each page.

A: Did you photocopy the documents?	A：書類のコピーはとりましたか？
B: Yes, **I made 2 copies of each page**.	B：はい，**2部コピーをとっておきました**。
A: Thank you, Jessica.	A：ジェシカ，ありがとう。

Point make a copy で「コピーをとる」という意味。部数に応じて，a copy, two copies, three copies のように変化させる。photocopy も「コピーする」という動詞として使うことができる。

❷ I prepared 10 copies of the document.

A: **I prepared 10 copies of the document.** Is that enough?	A：**この書類を10部コピーしておきました**。それで十分ですか？
B: No. There are 15 people attending the meeting.	B：いいや。会議に出席するのは15人だからね。
A: Well, then I had better make more copies.	A：ではもっとコピーをとらないといけませんね。

➡ prepare は「準備する」という意味なので，「書類のコピーを10部用意した。」が直訳。

❸ I made a duplicate of it.

A: Is the contract ready?	A：契約書の準備はできていますか？
B: Yes, and as requested, **I made a duplicate of it**.	B：はい。それに，言われた通り**コピーもとっておきました**。
A: Great! I really hope they sign it today.	A：すばらしい！ 今日彼らが契約書にサインしてくれることを願うばかりだよ。

➡ duplicate は「複製，複写」という意味。

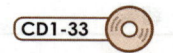

5-3 もう発送済みです。

❶ I've already sent them out by mail.

A: Where are the documents? **B: I've already sent them out by mail.** **A:** Oh, I was going to ask you to send this brochure with them.	**A：**書類はどこですか？ **B：もう発送済みです。** **A：**ああ，このパンフレットも一緒に送ってもらうつもりだったのに。

!Point send ~ out は「~を発送する」という意味。"have + already +過去分詞"で「すでに…した」という意味を表している。文末につける by mail は「郵便で」という意味で用いられる。

❷ We've already mailed them.

A: When can we expect to receive the documents we asked for last week? **B: We've already mailed them**, so you should receive them within a few days. **A:** Thank you very much. We'll keep an eye out for them.	**A：**先週お願いした書類はいつ届きますか？ **B：もう発送済みです**ので，数日以内にお手元に届くはずです。 **A：**どうもありがとうございます。お待ちしています。

➡ この文章での mail は「郵送する」という意味の動詞。

Business Tips

海外で郵便物を出しに行くと，How do you want to send it?（どのように送りましょうか。）と郵送の方法を問われる。郵送方法によって料金や到着時期に差があるので，指定し間違えることのないよう言い方を覚えておこう。I want to send it by ＿＿＿＿． e.g. airmail（航空便）/ registered mail（書留郵便）/ express mail（速達）/ surface mail（普通郵便）/ priority mail（優先（扱いの）郵便）

5-4　たった今，あなた宛ての荷物が届きました。

❶ This package has just arrived and it's addressed to you.

A: May I come in, Mr. Conner? B: Sure, come on in, Sarah. A: Thank you. Well, **this package has just arrived and it's addressed to you**.	A：コナーさん，失礼いたします。 B：どうぞ入ってください，サラ。 A：どうも。ええっと，**たった今，あなた宛ての荷物が届きましたよ**。

!Point 現在完了形を使うことで「たった今…した」という"完了"の意味を表している。be addressed to ～ は「～に宛てられている」という意味。

❷ We just got this package and it has your name on it.

A: **We just got this package and it has your name on it.** B: Really? I wasn't expecting anything. A: Well, here it is.	A：**たった今この荷物が届いたのですが，あなた宛てですよ。** B：本当ですか？ 届くような荷物はないと思っていたのですが。 A：とりあえず，こちらです。

➡ It (=The package) has your name on it. は直訳すれば「その荷物にあなたの名前がある」。つまり，「あなた宛ての荷物である」ということ。

❸ We just received a package addressed to Mr. Parker.

A: **We just received a package addressed to Mr. Parker.** B: Well then put it in his office. He'll be back from Paris tomorrow. A: OK.	A：**たった今パーカーさん宛ての荷物が届きました。** B：では彼のオフィスに置いておいてください。明日にはパリから戻ってきますから。 A：わかりました。

➡ We just received a package (which is) addressed to Mr. Parker. のように関係代名詞と be 動詞を補って考えると理解しやすい。

5-5 すべて完了しました。

❶ Everything's been taken care of.

A: You've done everything that I asked you to do?

B: Yes. **Everything's been taken care of.**

A: Brilliant! You are such an efficient and organized secretary!

❷ It's all set up.

A: Is the conference room ready for this morning's meeting?
B: Yep. **It's all set up!**
A: Great! Then could you run over next door and get some doughnuts?

❸ Everything's done.

A: We sent out your order yesterday, so **everything's done**.
B: I'm glad to hear that.
A: Again, we are sorry for the delay.

Business **T**ips

任された仕事が終わってまだ時間にゆとりがあるようであれば，Is there anything else that I can do for you? (他に私にできることはありませんか？) とぜひ同僚にひとこと声をかけよう。What goes around comes around. (因果応報) という言葉の通り，自

5. 連絡・報告

A：僕が頼んだことすべてをやり終えたの？

B：はい。**すべて完了しました。**

A：すばらしい！ 君は本当に有能でまめな秘書だね！

> **!Point**
> take care of ～ には「～を処理する」という意味がある。"have ＋過去分詞"の現在完了形を用い，「すべてが処理された」と伝えている表現。

A：今朝の会議用に会議室は準備できていますか？
B：ええ。**準備万端です！**
A：すばらしい！ ではちょっと隣に行ってドーナツを買ってきてくれませんか？

➡ set up は「支度する，準備する」という意味。受動態になっている。

A：ご注文の品は昨日発送いたしましたので，**すべて完了しています。**
B：それはよかったです。
A：遅れてしまい，本当にすみませんでした。

➡ be done で「済んでいる，完了している」という意味になる。

....

分の行動はめぐりめぐってまた自分にふりかかってくる。お互いの協力体制が十分に整った職場環境にするためにも，可能な時には自ら手を貸すように心がけたい。

5-6　プリンターが壊れてしまったようです。

❶ Looks like the printer is broken.

A: Looks like the printer is broken.	**A：**プリンターが壊れてしまったようです。
B: Oh, again? That's unbelievable!	B：え，また？　信じられない！
A: I know and I'm so sick of it. I should have bought a better one.	A：ええ，もううんざりです。もっとよいものを買うべきでした。

Point It looks like ... の It が省略された形。Looks like S V. で「S が…する〔である〕ようだ。」という意味。

❷ It seems that the printer is down.

A: It seems that the printer is down again.	**A：**プリンターがまた壊れたようです。
B: Do you want me to call the repairperson?	B：修理の人を呼びましょうか？
A: Yes. I'd really appreciate it.	A：ええ。そうしていただけるとありがたいです。

➡ It seems that S V. で「S が…する〔である〕ようだ。」という意味。be down は「故障している」ということ。

❸ The printer appears to be broken.

A: What's wrong?	A：どうしたんですか？
B: The printer appears to be broken.	**B：**プリンターが壊れているようなのです。
A: Well, if you need to make copies, why don't you go use the copier across the street?	A：コピーが必要なら，通りの向こうにあるコピー店に行くのはどうですか？

➡ appear to be ～ で「～のように見える」という意味。「プリンター」を主語に置いた表現。

5-7　この書類をあなたに渡すように頼まれました。

❶ He asked me to give this document to you.

A: Hey, Mel. Len just dropped by and **he asked me to give this document to you**. B: What's it about? A: I have absolutely no idea.	A：ねえ、メル。さっきレンが来て、**この書類をあなたに渡すように頼まれたわよ。** B：何についての書類？ A：見当もつかないわ。

Point ask 人 to ... で、「(人)に…するように依頼する」という意味になる。また、give 物 to 人 は「(物)を(人)に渡す」という表現だが、give 人 物という語順にすることも可能。

❷ I was told to deliver this document to you.

A: What's this? B: Something from Mr. Harris. **I was told to deliver this document to you.** A: OK. Well, thanks a lot.	A：これは何ですか？ B：ハリスさんからです。**この書類をあなたに届けるように頼まれましてね。** A：そうですか。どうもありがとうございました。

➡ 自分を主語に置き、受動態を用いた表現。

❸ I was asked to forward this document to you.

A: How did the meeting with Mr. Finnigan go? B: It went really well. Oh, by the way, **I was asked to forward this document to you**. A: Great! I was waiting for him to give it back to me.	A：フィニガンさんとの打ち合わせはどうでしたか？ B：とても順調に進みました。ああ、ところで、**この書類を君に渡すようにとお願いされましたよ。** A：よかった！彼からこれが戻ってくるのを待っていたんです。

➡ forward は「送る、手渡す」という意味の動詞として用いられている。

5-8 フィンレーさんが，あなたに話があるそうです。

❶ Mr. Finlay needs to talk to you.

A: Shelly, **Mr. Finlay needs to talk to you**. B: Oh, right now? A: Yes. He wants to see you in his office as soon as possible.	A：シェリー，**フィンレーさんがあなたに話があるそうです。** B：え，今すぐにですか？ A：ええ。なるべく早急に彼のオフィスで会いたいそうです。

Point 直訳すると「フィンレーさんは，あなたと話す必要があります。」となる。

❷ Mr. Finlay told me that he'd like to have a word with you.

A: Hey, Shelly. **Mr. Finlay told me that he'd like to have a word with you.** B: Really? Any idea why? A: I think it's got to do with your vacation request.	A：シェリー。**フィンレーさんが，君に話があると言っていたよ。** B：本当？ 理由はわかる？ A：君の休暇願に関することだと思う。

➡ have a word with 〜 は「〜とちょっと話をする」という意味。

❸ He said he has something to talk to you about.

A: Could you drop by Mr. Finlay's office after lunch? B: Sure. But for what purpose? A: **He said he has something to talk to you about.**	A：ランチの後でフィンレーさんのオフィスに行ってもらえますか？ B：いいですよ。でも，何のためにですか？ A：**あなたに話したいことがあるそうです。**

➡ 直訳すると「あなたに話したい何かがあると彼が言っていた。」となる。

5-9　明日から出張です。

❶ I'll be on a business trip starting tomorrow.

A: I'll be on a business trip starting tomorrow. B: When are you coming back? A: On Friday.	A：明日から出張です。 B：いつ帰ってくるんですか？ A：金曜日です。

!Point be on a business trip で「出張中」。現在分詞の starting は「〜から始まる」という意味で，動作や状態の始まる時期を述べる表現。

❷ I'll be away on a business trip from tomorrow.

A: I'll be away on a business trip from tomorrow. B: Then, I'll e-mail you an update on the new project every morning. A: That would be great! Thanks a lot!	A：明日から出張なんです。 B：では，新しいプロジェクトの最新情報を毎朝Eメールでお伝えしますね。 A：それは助かります！ どうもありがとう！

➡ be away は「今いる場所から離れたところに行く」というニュアンス。

❸ I'm going to Paris on business from tomorrow.

A: I'm going to Paris on business from tomorrow to the 10th. B: What's going on in Paris? A: I'm supposed to visit all of our branch offices in Europe.	A：明日から10日まで出張でパリに行きます。 B：パリで何があるんです？ A：ヨーロッパにある支社すべてを回ってくることになっているんです。

➡ 具体的な期間を示す時には from 〜 to ... を使う。

5-10　7月5日に戻ってきます。

❶ I'll be back on July 5.

A: How long will you be gone? B: Not for long. **I'll be back** from Germany **on July 5**. A: That soon? I thought you were attending a month-long conference there.	A：どれくらいの期間不在になるのですか？ B：そう長い間ではありません。**7月5日にドイツから戻ってきます。** A：そんなに早く？　そこで1カ月間の会議に出席する予定なのかと思っていました。

!Point　be back で「戻る」という意味。具体的な時期を伝える場合，曜日・日付の時の前置詞は on（例：on Friday, on June 10），月だけならば in（例：in August）となる。

❷ I won't be back until next Tuesday.

A: **I won't be back until next Tuesday.** B: OK. Then we will schedule our next meeting for Thursday of next week. A: That works for me.	A：**来週火曜日まで戻りません。** B：わかりました。では，次の会議は来週の木曜日にしましょう。 A：そうしてもらえたら好都合です。

➡「(時期)まで戻らない」と言うことで戻る時期を伝えることもできる。

Business Tips

出張に行く場合，同僚や関係者などに連絡手段を知らせておく必要がある。While I'm gone, you can reach me on my cell phone at 123-456-7890.（私が不在の間は，携帯番号 123-456-7890 に電話をください。），You can e-mail me at nate1580@mmn.com.（nate1580@mmn.com までEメールをくれてもいいです。）などと伝えよう。

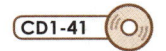

5-11　今日の午後にクライアントと会う予定です。

❶ I am meeting a client this afternoon.

A: Will you be tied up this afternoon? B: Yes. **I am meeting a client this afternoon.** A: Oh, are you meeting Mr. Feldman?	A：今日の午後はずっと忙しいですか？ B：はい。**今日の午後はクライアントと会う予定です。** A：ああ，フェルドマンさんに会うのですか？

Point 実現する可能性の高い予定は，現在進行形を用いて表すことができる。

❷ I have an appointment with another client this afternoon.

A: How are sales going? B: Pretty well. **I have an appointment with another client this afternoon.** A: I hope you get the account!	A：売上はどうですか？ B：かなりいいですよ。**今日の午後もクライアントに会う約束があります。** A：取引が決まるといいですね！

➡ have an appointment with ～ で「～との約束・予約がある」という意味。another client とすれば，「新たな，別の」という意味合いが加わる。

❸ I'll be with a client all afternoon.

A: Can you come to my office at 2:00? B: Sorry, but **I'll be with a client all afternoon**. A: OK. What's your schedule like for tomorrow?	A：2時に私のオフィスに来てもらえますか？ B：すみませんが，**午後中ずっとクライアントと一緒なんです。** A：なるほど。明日のスケジュールはどうなっていますか？

➡ all afternoon で「午後中ずっと」という意味。

5-12　来週月曜日にジョンソンさんが来社されます。

❶ Mr. Johnson is visiting our office next Monday.

A: Mr. Johnson is visiting our office next Monday. B: Are you sure? I thought you said he's coming here next Thursday. A: I just got a call from him this morning to reschedule it.	A：**来週月曜日にジョンソンさんが来社されます。** B：本当ですか？　来週木曜日に来るとあなたから聞いたと思うのですが。 A：今朝彼から予定変更の電話があったのです。

!Point　現在進行形を用いて，実現する可能性の高い予定を伝えている。

❷ Mr. Johnson is coming to our office tomorrow.

A: Why are you cleaning everything? **B: Mr. Johnson is coming to our office tomorrow.** A: Oh, OK. Do you need a hand?	A：どうして何もかもきれいにしているのですか？ B：**明日ジョンソンさんが来社されるんです。** A：ああ，そういうことですか。何かお手伝いしましょうか？

➡ come を使う場合には，場所の前に前置詞 to が必要。

❸ Mr. Johnson's visit to our company is scheduled for next week.

A: Is something going on next week? B: Yes. **Mr. Johnson's visit to our company is scheduled for next week.** A: Oh, why didn't anybody tell me? I'd better get ready, too.	A：来週は何かあるんですか？ B：ええ。**来週にはジョンソンさんの来社が予定されています。** A：ああ，なぜ誰も言ってくれなかったんでしょう。私も準備しておかなくては。

➡ visit を名詞として使用している。be scheduled for ～ で「（日時）に予定されている」ということ。

5-13　1週間お休みをいただきます。

❶ I'll be away from the office for a week.

A: I'll be away from the office for a week. **B:** Who will be in charge while you are away? **A:** Jonathan Bach will.	**A：**1週間お休みをいただきます。 **B：**不在の間は誰が責任者になるのですか？ **A：**ジョナサン・バックです。

Point　「休む」を「会社を離れている」と読み換えた表現。期間については"for ＋ 期間"で表現する。

❷ I'll be out of my office for a week.

A: Why are you taking the files with you? **B:** I'll be out of my office for a week, and I might need these files. **A:** Does Ms. Ridgestone know about this?	**A：**どうしてファイルを持って行くのですか？ **B：**1週間不在にするのですが，これらのファイルが必要になるかもしれないと思いまして。 **A：**リッジストーンさんはこのことを知っているんですか？

➡ be out of the office は「会社の外にいる」，つまり「出社しない」という意味になる。

❸ I won't be in for a week.

A: I won't be in for a week. **B:** Why? What happened? **A:** Well, if you must know, I have to have my gall bladder removed.	**A：**1週間仕事に来ません。 **B：**なぜ？ 何があったんですか？ **A：**どうしても知りたいなら言いますけど，胆のうの切除手術が必要なんです。

➡ I won't be in.（会社の中にいません。）は「仕事にこない」という意味で用いることができる。

5-14　会議は中止されました。

❶ They called off the meeting.

A: Did you know that **they called off the meeting**?

B: Oh, did they?

A: Yes, and I'm sure Sarah will give you a call about it later.

❷ The meeting has been cancelled.

A: **The meeting has been cancelled.**
B: You mean, there's no meeting today? How come?
A: Mr. Walsh isn't in today. He's come down with the flu.

❸ The meeting has been removed from our agenda.

A: Are there any changes to today's schedule?
B: Well, **the meeting** with our supplier **has been removed from our agenda** for this afternoon.
A: I see. Then let's go over last month's accounts.

Business Tips

会議などの中止を伝える場合，可能であればその理由もあわせて説明したいところ。
It was cancelled due to the poor road conditions delaying the arrival of Mr. Bach, our special guest speaker.（道路事情のせいで特別ゲストスピーカーのバック氏の到

5. 連絡・報告

A：**会議が中止された**って知っていましたか？

B：ああ，そうなんですか。

A：ええ，後でサラからその件で電話が来るはずです。

> **!Point**
> call off ～ で「～を中止する」という意味。cancel と同義。中止されるもの（会議，プレゼン，試合など）が主語になる場合，be called off という形の受動態にする。

A：**会議は中止になりました。**
B：つまり，今日は会議がないということですか？ どうしてですか？
A：ウォルシュさんが来ていないんです。インフルエンザにかかったんです。

➡ 過去のある時点に中止が決定してその決定が覆っていない場合，"have + been + 過去分詞" という受動態の現在完了形を使うことができる。

A：今日のスケジュールに何か変更は？
B：午後のサプライヤーとの**会議がなくなりました**。

A：わかりました。では，先月の会計簿を見直すことにしましょう。

➡ be removed from our agenda は直訳すれば「日程から削除される」。つまり，「その予定がなくなる」ということ。

着が遅れるため，中止になりました。），It was called off due to inclement weather conditions.（ひどい天気のために中止になりました。）などの表現を参考にしよう。

5-15 会議の予定が変更されました。

❶ They have rescheduled the meeting.

A: The meeting will be held on Monday, right? B: No, **they have rescheduled the meeting**. It'll be held on Thursday instead. A: On Thursday? I didn't know that.	A：会議は月曜日に開かれるんですよね？ B：いいえ，**会議の予定は変更されました**。月曜日ではなく木曜日に開かれます。 A：木曜日ですか？ 知りませんでした。

！Point reschedule は「日程を組み直す」という意味の動詞。they は会議を主催する人たちを指している。the meeting を主語に置き，The meeting has been rescheduled. としても OK。

❷ The meeting time has been changed to 4:00.

A: **The meeting time has been changed to 4:00.** B: OK. Then let's fine-tune our presentation. A: That works for me.	A：**会議の時間が4時に変更になりました**。 B：わかりました。では私たちのプレゼンテーションの微調整をしましょう。 A：いいですよ。

➡ 会議時間の変更を伝える場合の表現。

❸ The meeting has been postponed.

A: **The meeting has been postponed** again. B: Why? What happened? A: I don't know exactly, but the supplier called this morning to reschedule it.	A：**会議はまた延期されました**。 B：どうしてです？ 何があったんですか？ A：よくはわかりませんが，今朝サプライヤーから日程調整するよう電話があったのです。

➡ 会議の延期を伝える場合の表現。postpone は「延期する」という意味の動詞。put off も同義。

5-16　ホープ・ワトソンさんから午前中にお電話がありました。

❶ Mrs. Hope Watson called this morning.

A: Did anyone call while I was out? B: Yes. **Mrs. Hope Watson called this morning.** She said she was waiting for your call. A: OK. I'll give her a call right now.	A：私が不在の間に誰かから電話がありましたか？ B：ええ。**ホープ・ワトソンさんから午前中に電話がありましたよ**。お電話を待っているとのことでした。 A：了解。今すぐ電話してみます。

!Point call は「電話する」という意味の動詞。電話のあったことを伝える際には、かけてきた相手のフルネームを知らせるようにしたほうが誤解を招かない。

❷ There was a call from Mrs. Hope Watson this morning.

A: **There was a call from Mrs. Hope Watson this morning.** B: Thank you. Did she say what she wanted? A: No. She just said she'll call back later.	A：**今朝ホープ・ワトソンさんからお電話がありました**。 B：どうもありがとう。用件はおっしゃっていましたか？ A：いいえ。後でかけ直すとだけ言っていました。

➡ there was 〜 で「〜があった」という意味になる。

❸ Mrs. Watson gave us a ring this morning.

A: **Mrs. Watson gave us a ring this morning.** She said her husband is sick. B: Oh, I'm sorry to hear that. A: Well, she might be in this afternoon if he feels better.	A：**今朝ワトソンさんから電話がありました**。だんなさんが病気だそうです。 B：ああ、それはお気の毒に。 A：だんなさんの調子がよくなれば、午後には出勤できるかもしれないとのことです。

➡ give 人 a ring で「（人）に電話をかける」という意味になる。

5-17　折り返し電話してほしいとのことです。

❶ He wants you to call him back.

A: Mr. Jesse Thorp called while you were out. **B:** Oh. Did he leave a message? **A:** Yes, he did. **He wants you to call him back** as soon as you can.	**A:** 外出されている間にジェシー・ソープさんから電話がありましたよ。 **B:** ああ。伝言は残されましたか？ **A:** ええ。なるべく早急に**折り返し電話してほしいとのことです。**

!Point　want 人 to ... で「（人）に…してほしい」という意味になる。あえて He said ...（彼が…と言っていた）と言わなくても OK。

❷ He's waiting for you to get back to him.

A: Do I have any messages? **B:** Yes. Mr. Thorp called. **He's waiting for you to get back to him.** **A:** OK. Anything else?	**A:** 私に何か伝言は？ **B:** はい。ソープさんからお電話がありました。**折り返し電話をしてほしいとのことです。** **A:** 了解。他には？

➡ get back to 人 で「（人）に折り返し連絡する」という意味。

❸ He's expecting you to return his call.

A: Mr. Thorp called, and **he's expecting you to return his call** after 5:00. **B:** Did he leave his number? **A:** Yes. I wrote it down.	**A:** ソープさんからお電話があって、5時以降に**折り返しの電話がほしいとのことです。** **B:** 電話番号はおっしゃっていましたか？ **A:** はい。メモしておきましたよ。

➡ return one's call で「（人）に折り返し電話する」という意味になる。

6. 質問・確認

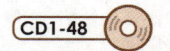

6-1　すみません，ちょっとよろしいですか？

❶ Excuse me. May I speak to you for a second?

A: Excuse me. May I speak to you for a second?

B: Of course. Come on in.

A: Thank you. I have something to ask you.

❷ Sorry to interrupt, but can I speak to you briefly?

A: Sorry to interrupt, but can I speak to you briefly?
B: Can this wait until my meeting with Ms. Baker is finished?
A: OK. I'll come back in half an hour, then.

❸ Sorry to bother you, but do you have a few minutes to talk right now?

A: Sorry to bother you, but do you have a few minutes to talk right now?
B: Sure. What's up?
A: Well, could you explain the new product features to me again?

Business Tips

「ちょっといいですか？」と同僚や上司に声をかけられた時，もし忙しくて手が離せない状態であれば，I'm too busy right now, but I should be finished in about an hour.（今

6. 質問・確認

A: すみません。ちょっとよろしいですか？
B: もちろん。どうぞ入ってください。
A: ありがとうございます。お願いしたいことがあるのです。

> **!Point**
> ここでの may は"許可"を表す助動詞。for a second は文字通りには「1秒間」という意味だが，「(そのくらい) 短い間」つまり「ちょっと」と解釈することができる。

A: おじゃまして悪いのですが，ちょっとお話ししてもいいですか？
B: ベイカーさんとのミーティングが終わるまで待ってもらえますか？
A: わかりました。では，30分後にまた伺います。

➡ sorry to ... で「…してすまなく思う」という意味。briefly は「ちょっとの間」という意味の副詞。

A: おじゃまして悪いのですが，今ちょっとお話しできませんか？
B: いいですとも。どうしました？
A: 新製品の特徴をもう一度説明していただけませんか？

➡ bother は「悩ます，困らせる」という意味の動詞。「話す時間はありますか？」と尋ねる表現。

は忙しくて無理ですが，1時間もすれば終わりますから。) などと言って断ればよい。ただ No と答えるのではなく，いつ頃手が空くかを伝えておけば感じがよいだろう。

6-2　コピー用紙はどこにありますか？

❶ Where can I find some copy paper?

A: Where can I find some copy paper?

B: In the printing room, I guess.

A: I looked for some in the printing room, but I couldn't find any.

❷ Do you know where I can get some copy paper?

A: Do you know where I can get some copy paper?
B: Isn't there any on that shelf over there?
A: No, it looks like we're out.

❸ How do I go about getting some copy paper?

A: How do I go about getting some copy paper?　We are almost out of it.

B: Here's a requisition form.　Fill this out and return it to me.

A: OK.　I'll do that.

Business Tips

場所を尋ねた際，わざわざそこまで連れて行ってもらったならば，It was very nice of you. Thank you.（ご親切にどうもありがとう。）とお礼を言おう。逆に自分が場所を尋ねられた場合には，時間が許すのであれば I'll take you there.（そこまでお連れしましょ

6. 質問・確認

A：コピー用紙はどこにありますか？

B：印刷室だと思いますよ。

A：印刷室で探してみたのですが，見つけられなかったのです。

> **Point**
> Where can I find 物／人? で「(物／人)はどこに行けば見つけることができますか？」という意味になる。

A： コピー用紙はどこでもらえるかご存じですか？
B：あそこの棚にありませんか？
A：いいえ，切らしているようなのです。

➡ 入手可能な場所を知っているかを尋ねる表現。

A：どうすればコピー用紙が手に入りますか？ 在庫がなくなりそうなのです。

B：請求用紙がここにありますので，これに記入して私のところに持ってきてください。
A：わかりました。そうします。

➡ go about ...ing は「…に取りかかる」という意味。How を用いて入手方法を尋ねている表現。

う。), I'll show you where it is.（どこにあるかお教えします。）などと答えて案内してあげられるとよいだろう。

CD1-50

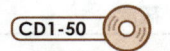

6-3 エアコンの温度を下げてもかまいませんか？

❶ Do you mind if I turn the thermostat down?

A: Do you mind if I turn the thermostat down?

B: No, not at all. Please go ahead.

A: Thanks.

❷ Can I turn the heat down?

A: Can I turn the heat down?
B: Sorry, but this room has to be maintained at a certain temperature.
A: OK. I guess I can take my jacket off.

❸ Is it OK if I turn the air conditioner down?

A: Is it OK if I turn the air conditioner down?
B: Sure, if you can find the remote.
A: Isn't it right over there?

Business Tips

室内が寒すぎる場合には Do you mind if I turn the thermostat up? It's a bit too cold, isn't it?（エアコンの温度を上げてもいいですか？ ちょっと寒すぎますよね？）などと言

6. 質問・確認

A：エアコンの温度を下げてもかまいませんか？
B：いいですよ。どうぞ下げてください。
A：どうも。

> **! Point**
> Do you mind if 人 ...? という表現は，直訳すると「(人)が…したら嫌ですか？」という意味。したがって，相手に許可を与えたい場合には No と答えなくてはならない。turn ~ down は「~を下げる」という意味。

A：暖房の温度を下げてもいいですか？
B：悪いのですが，この部屋の温度は一定に保たなくてはならないんです。
A：わかりました。ではジャケットを脱ぐことにします。

➡ Can I ...? は許可を求める時の表現。the heat は「暖房の温度」の意味で用いられている。

A：エアコンの温度を下げてもかまいませんか？
B：リモコンを見つけられるならばどうぞ。
A：リモコンはそこに置いてありませんか？

➡ Is it OK if ...? は「…してもいいですか？」と許可を求める表現。

うことができる。また，換気のために窓を開けたいのならば，Do you mind if I open the window for ventilation? などと言って許可を得よう。

6-4 この書類は誰が作成したのですか？

❶ Who created this document?

A: Who created this document?

B: I did. Was there anything wrong?

A: Well, it contains some wrong information.

❷ Who is the author of this document?

A: Who is the author of this document?
B: I don't know. Why?
A: I found it on the floor and I'd like to return it.

❸ Do you know who made this report?

A: Do you know who made this report?
B: I think it was Bob.
A: Which one is Bob? I'd like to ask him a couple of questions about it.

❹ Who is responsible for this file?

A: Who is responsible for this file?
B: I am. Why?
A: You did a great job!

6. 質問・確認

A：この書類は誰が作成したのですか？

B：私です。何か問題がありましたか？

A：誤った情報がいくらか含まれているのです。

> **!Point**
> create は「作る，創作する」という意味の動詞で，create a document (report / file) のように用いれば，「書類（報告書／ファイル）を作成する」という意味を表せる。

A：この書類を書いたのは誰ですか？
B：わかりませんが，なぜです？
A：床に落ちていたので，お返ししたいのです。

➡ author は「著者，作成者」という意味の名詞。このように，本以外の場合でも使うことができる。

A：誰がこの報告書を作ったのか知っていますか？
B：ボブだったと思います。
A：どの人がボブですか？ いくつか聞きたいことがあるのです。

➡ Do you know who ...? は「誰が…か知っていますか？」という意味。

A：このファイルの責任者は誰ですか？
B：私ですが。どうかしましたか？
A：ものすごくよくできていますね！

➡ be responsible for ～ で「～に対して責任がある」という意味。作成の責任者を尋ねている。

6-5 この電話を使ってもいいですか？

❶ May I use this phone?

A: **May I use this phone?**

B: It's broken, actually. You can use that one on the desk over there.

A: Great. Thanks.

❷ Can I use this phone right here?

A: Sarah, **can I use this phone right here?**
B: Of course you can. Go ahead.
A: Thanks. Well, could you tell me how to make an outside call?

❸ Is it OK if I use the one on your desk?

A: Oh, I think this telephone isn't working. **Is it OK if I use the one on your desk?**
B: Sorry Jim, but I'm expecting a call from my client.

A: Oh, I see. I'll ask someone else then.

Business Tips

何かを借りたい場合には，当然持ち主の了承を得てから使用しなくてはならない。May I borrow your pen?（ペンを借りてもいいですか？）などと断りを入れよう。また，以

6. 質問・確認

A：**この電話を使ってもいいですか？**

B：実はそれ，壊れているんです。あそこの机の上にあるのを使ってもいいですよ。

A：よかった。ありがとう。

> **!Point**
> May I ...? は許可を請う時の表現。固定電話やトイレのようにその場から動かせないものを借りたい場合には，borrow（借りる）ではなく use（使用する）という動詞を用いる。

A：サラ，**ここにある電話を使ってもいいですか？**
B：もちろんいいですよ。どうぞ。
A：ありがとう。えっと，外線のかけ方を教えてもらえますか？

➡ Can I ...? も許可を請う場合に使える表現。

A：ああ，この電話は壊れているみたいだ。**君の机にある電話を使ってもいいかな？**
B：ジム，申し訳ないけれど，クライアントからの電話を待っているところなの。
A：ああ，そうか。だったら他の人に聞いてみることにするよ。

➡ Is it OK if ...? は「もし…したとしたら，（それは）かまいませんか？」というニュアンスの表現。

下のような表現で返す時間などをあらかじめ相手に伝えておくといいだろう。I'll give it back to you right after the meeting.（会議が済んだらすぐに返します。）

6-6 クライアントの携帯電話の番号は聞きましたか？

❶ Did you get your client's cell phone number?

A: Did you get your client's cell phone number?

B: No. Why?

A: Because he travels a lot on business. It will be hard to contact him if you can't call him on his cell phone.

❷ I hope you got the client's cell phone number.

A: I hope you got the client's cell phone number.
B: I did, and it's here on his card.
A: Great! Let me have it.

❸ Did you record the client's cell phone number?

A: Did you record the client's cell phone number?
B: No, but John has it.
A: Do you know where he is? I need to talk to the client about our new contract.

❹ Did you jot down the client's cell phone number?

A: Did you jot down the client's cell phone number?
B: Sure. Here it is.
A: Thanks. I'd like to call her and say thank you.

6. 質問・確認

A: クライアントの携帯電話の番号は聞きましたか？
B: いいえ。なぜです？
A: 彼は出張が多いからです。携帯に電話できないと連絡をとるのは困難ですよ。

> **!Point**
> 「〜の電話番号を聞く」は get one's phone number と表現できる。固定電話の場合は phone number, telephone number を使えばOK。

A: クライアントの携帯電話の番号をもらったならいいのですが。
B: もらいましたよ。クライアントの名刺のここに書かれています。
A: よかった！ 私にも教えてください。

➡ I hope で始まる文は，「…だといいのですが」という希望を表す。番号を聞いたのかどうかを間接的に尋ねている。

A: クライアントの携帯電話の番号は記録しましたか？
B: いいえ，でもジョンが番号の控えを持っています。
A: ジョンの居場所はわかりますか？ 新しい契約についてそのクライアントと話をしなくてはならないので。

➡ record は「記録する」という意味の動詞として用いられている。

A: クライアントの携帯電話の番号はメモしましたか？
B: もちろん。ここにあります。
A: ありがとう。彼女に電話をかけてお礼を言いたいと思っているのです。

➡ jot down 〜 は「〜を書き留める，メモする」という意味。

6-7 どういう理由で遅刻したのですか？

❶ How come you were late?

A: How come you were late?

B: I got stuck in a traffic jam on my way here.

A: Oh, did you? I was worried that something had happened to you.

❷ What's the reason you were late?

A: What's the reason you were late?
B: I left my briefcase in the restaurant and had to go back and get it.

A: Well, hurry up and get the handouts ready.

❸ How do you explain your tardiness?

A: How do you explain your tardiness?
B: I'm really sorry, Mr. Haze. I wasn't feeling well.
A: I'm sorry to hear that, but you should've called to let us know you were going to be late.

Business Tips

困った状況が生じた場合，問題解決の糸口として「どうして？」と問うことは不可欠だ。Could you explain to me why this has happened?（なぜこのようなことが起こったのか説明してくれませんか？）のように相手の説明を促す表現を使用するよう心がけるとよ

6. 質問・確認

A：**どういう理由で遅刻したのですか？**

B：ここに来る途中で交通渋滞に巻き込まれたのです。

A：ああ，そうだったのですか。何かあったのかと心配しましたよ。

> **!Point**
> How come S V? で「どうして…なのですか？」という"理由"を問う文になる。How come の後ろは疑問文でも「主語→動詞」の語順になるので注意。Why を使うならば，Why were you late? となる。

A：**遅れた理由は何ですか？**

B：レストランにブリーフケースを置き忘れて，取りに戻らないといけなかったのです。

A：では，急いで資料の用意をしてください。

➡ reason が「理由」という意味の名詞として用いられており，何の理由かは reason の後の節で説明されている。

A：**遅れたことをどう説明するんですか？**

B：申し訳ありません，ヘイズさん。体調がよくなかったのです。

A：それは気の毒だけれど，遅れることを電話で連絡するべきでしたよ。

➡ How は「方法」を尋ねる疑問詞。tardiness は「遅れること，遅刻」という意味の名詞。

い。また，自分が遅刻してしまった場合には，It won't happen again.（以後気をつけます。），I'll never be late again.（もう二度と遅刻はしません。）などと言って反省の意を示そう。

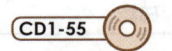

6-8 これで質問の答えになりましたか？

❶ Did it answer your question?

A: Thank you for your explanation, Owen.

B: You're welcome. **Did it answer your question?**

A: Yes, definitely.

❷ Did it satisfy your curiosity?

A: By the way, I attended the training session yesterday.
B: **Did it satisfy your curiosity?**
A: Well, not really.

❸ Did you get the information you needed?

A: **Did you get the information you needed?**
B: Just about, and thank you so much for all of your help!
A: Well, I'm glad I could be of service.

Business Tips

同僚やクライアントに対して何かを説明する場合，要所要所で相手が理解しているのか確認しておくのが，トラブルを避けるための良策だ。次のような表現を参考にしてみよう。
Do you have any questions about the product?（製品について何かご質問はあります

6. 質問・確認

A：説明してくれてありがとう，オーウェン。

B：どういたしまして。**これであなたの質問の答えになりましたか？**

A：ええ，もちろん。

> **!Point**
> answer が「答える」という意味の動詞として用いられている。直訳では，「それ（＝回答内容）はあなたの質問に答えましたか？」という意味になる。

A：ところで，昨日講習会に参加したんだ。
B：**あなたの知りたいことは全部わかったの？**
A：うーん，そうでもないな。

➡ satisfy は「満足させる」，curiosity は「好奇心」という意味。「知りたいという思いは満たされましたか？」→「知りたいことはわかりましたか？」と解釈する。

A：**あなたが必要としていた情報は得られましたか？**
B：だいたいは。助けてくださりどうもありがとうございました！
A：お役に立ててうれしいです。

➡ you needed という部分は，the information がどのような情報だったのかを説明している。

か？） Was my explanation clear enough?（私の説明でおわかりになりましたでしょうか？）

6-9 これは誰のパソコンですか？

❶ Whose computer is this?

A: Whose computer is this? B: Oh, this laptop? A: Yes. Mine is broken, so I would like to borrow it for a few hours if possible.	A：これは誰のパソコンですか？ B：ああ，このノートパソコンですか？ A：ええ。私のが壊れているので，できれば数時間借りたいのです。

!Point whose は，"whose ＋物" で「誰の〜」という "所有" の意味になる。whose 単独で用い，Whose is this computer? という言い方もできる。

❷ Do you know who this computer belongs to?

A: Do you know who this computer belongs to? B: Sorry, I have no idea. A: Well, find some other place to put it. OK?	A：これは誰のパソコンか知っていますか？ B：すみませんが，わかりません。 A：では，どこか他のところに置いてください。よろしく。

➡ belong to 〜 で「〜に属する」という意味。to の後には，人物の他に所属部署などを置くことも可能。

❸ Who owns this computer?

A: Who owns this computer? B: That's John's laptop. Why? A: It was still on when I left the office last night.	A：このパソコンの持ち主は誰ですか？ B：ジョンのノートパソコンですよ。どうしたんですか？ A：昨日の夜，私が会社を出る時に，電源がつきっ放しだったんです。

➡ own は「所有する」という意味。持ち主は1人だと想定されるので，owns と三人称単数の形になる。

6-10　会議には出席していただけますか？

❶ Are you able to attend the meeting?

A: Are you able to attend the meeting on Friday, Greg? We'd really appreciate your feedback. **B:** On Friday? Well, what time does it start again? **A:** At 10:30 sharp.	**A：**グレッグ，金曜日の**会議には出席できますか？** あなたの意見が聞けたらとてもありがたいのですが。 **B：**金曜日ですか？ ええと，何時に始まるんでしたっけ？ **A：**10時半ちょうどです。

!Point be able to ... は「…できる」という"可能"の意味を表す。「…できますか？」と何かの可否を問う場合には，Are you able to ...? となる。

❷ Can you come to the gathering?

A: Can you come to the gathering? **B:** Sure. I'll be there a bit early. **A:** Great! I look forward to seeing you again.	**A：会議にはいらっしゃいますか？** **B：**もちろんです。ちょっと早くそちらに到着します。 **A：**すばらしい！ またお会いできるのを楽しみにしています。

➡ Can you ...? も可否を問う場合の表現。

❸ Is it possible for you to make the meeting?

A: Is it possible for you to make the meeting? **B:** As far as I can tell. **A:** Good! Call me if something comes up.	**A：会議には出席できますか？** **B：**私がわかっている限りでは，できると思います。 **A：**よかった！ 何か用事ができた場合には私に電話してください。

➡ it is possible for 人 to ... は「(人)は…することができる」という意味。make the meeting で「(その) 会議に行く」というニュアンス。

6-11　明日の会議は９時半開始ですよね？

❶ The meeting starts at 9:30 tomorrow, right?

A: The meeting starts at 9:30 tomorrow, right?

B: That's right. Don't be late because it's an important meeting.

A: I won't. Thanks.

❷ Don't we have a meeting starting at 9:30 tomorrow?

A: I'll ask Mrs. Jones when I see her tomorrow morning.
B: But don't we have a meeting starting at 9:30 tomorrow?
A: No, Ryan. We have a meeting on Wednesday, not tomorrow.

❸ The meeting is scheduled for 9:30, isn't it?

A: I've already asked Ms. Stewart to be here by 10:30.

B: Why 10:30? The meeting is scheduled for 9:30, isn't it?
A: Oh, is it? I thought Sarah said it starts at 10:30.

Business Tips

ビジネスシーンにおいては時間管理が大切。具体的な時刻を伝えたり聞いたりする場面は多いことだろう。日本人にあまりなじみがないのは，quarter to ten（あと 1/4 時間（＝ 15 分）で 10 時という時間＝ 9 時 45 分），ten past eleven（11 時を 10 分過ぎた時間＝

6. 質問・確認

A: 明日の会議は9時半開始だよね？

B: そうよ。重要な会議だから遅れないようにね。

A: 遅れないよ。ありがとう。

> **!Point**
> 文末に right? と言い足して疑問形にすると,「…ですよね？」と確認する表現になる。

A: 明日の朝ジョーンズさんにお会いしたら聞いてみます。
B: でも, **明日は9時半から会議ではありませんでしたか？**
A: いいえ, ライアン。会議があるのは明日ではなく水曜日ですよ。

➡ "Don't ＋主語" で始まる疑問文には,「…ではないですか？」という "確認" の意味合いがある。

A: もうスチュワートさんには10時半までに来ていただくよう頼んであります。
B: どうして10時半なの？ **会議は9時半からの予定ですよね？**
A: え, そうなんですか？ サラは10時半開始と言っていたように思うのですが。

➡ 文末の isn't it? は "確認" の意味を添える役割を果たしている。

....

11時10分) といった言い方。時間を順守するためにも, こういう言い方にも十分に慣れておきたい。

6-12 30日までに仕上げればよいのですね？

❶ I'm supposed to finish it by the 30th, right?

A: So, I'm supposed to finish it by the 30th, right?

B: No. You're expected to finish it by the 13th.

A: By the 13th of this month?

❷ They want me to have it done by Friday, don't they?

A: They want me to have it done by Friday, don't they?
B: I suppose so. Anything wrong with the deadline?
A: I'm afraid so. My schedule is way too tight this week.

❸ You are expecting me to complete it in a week, aren't you?

A: You are expecting me to complete it in a week, aren't you?
B: Yes, unless something comes up.
A: Well, I don't anticipate any problems.

Business Tips

仕事を頼まれたら、いつまでに仕上げればよいのかをしっかりと把握しておくべき。期日が明確にされていなかったり記憶があいまいだったりする場合には、前もって確認しておくことが必要。特に日本人の場合、13日（the thirteenth）と30日（the thirtieth）の聞

6. 質問・確認

A：それでは，**それは 30 日までに仕上げればよいのですね？**
B：いいえ。13 日までに仕上げることになっています。
A：今月の 13 日までにですか？

> **!Point**
> be supposed to ... で「…することになっている，…しなければならない」という意味。I'm expected to ..., right? という表現を使うこともできる。

A：**金曜日までにこれを仕上げてほしいというご要望なのですよね？**
B：そうだと思います。締切に何か問題でもありますか？
A：そうなんです。今週はスケジュールがびっしり詰まっているのです。

⇒ have ~ done で「~をし終える」という意味。

A：**1 週間でこれを仕上げてほしいということですよね？**
B：ええ。何も起こらなければの話ですけどね。
A：そうですね，何も問題はないと思います。

⇒ expect 人 to ... で「（人）が…することを期待する」という意味。

き分けが苦手な場合が多いので，不安があれば面倒がらずに聞くようにしよう。締切日を聞きたいならば，When's the deadline?（締切はいつですか？）と問い，指定日に十分に間に合うよう仕事に取り組むようにしたい。

6-13　まだ報告書を提出していませんよね？

❶ You haven't submitted a report yet, have you?

A: The meeting with them went great, didn't it? **B:** Yes, it did. Oh, speaking of which, **you haven't submitted a report yet, have you?** **A:** Not yet, but I will finish it by tomorrow afternoon.	**A:** 彼らとの会議はとてもうまくいきましたよね。 **B:** ええ，本当に。あ，そう言えば，**まだ報告書を提出していませんよね？** **A:** まだですが，明日の午後までには仕上げます。

!Point　submit は「提出する」という意味の動詞。"have ＋過去分詞" は "完了" の意味で，否定形で「まだ…していない」という状況を伝えている。have you? を文末に添えることで「…ですよね？」と確認する表現になっている。

❷ I was just wondering if you had given the report.

A: Jennifer, **I was wondering if you had given the report** to Mr. Thompson. **B:** I did yesterday. Why? **A:** He just told me he was still waiting for it. I wonder why.	**A:** ジェニファー，**もうレポートはトンプソンさんに提出したのでしょうか？** **B:** 昨日出しましたよ。なぜですか？ **A:** 彼が，まだあなたの報告書を待っていると言っていたんです。どうしてでしょうね。

➡ I was wondering if ... は「…かしらと思っていた」という意味。婉曲的に確認をとっている。

Business Tips

締切が近い，もしくは過ぎたのに提出物を出していない人には，手遅れになる前に以下の表現を参考にひとこと声をかけるといいだろう。The deadline is approaching.（締切が迫っていますよ。） You missed the deadline.（締切は過ぎましたよ。） When will the report be ready?（報告書はいつできますか？）

7. 提案・主張

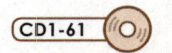

7-1 フェニックスさんに連絡してみましょうか？

❶ Shall I contact Mr. Phoenix?

A: I can't remember what time her plane is arriving.

B: Shall I contact her assistant, **Mr. Phoenix?** He should know her schedule.

A: That's a good idea. Do you have his number?

❷ Would you like me to call him?

A: Is Mr. Phoenix running late?
B: I'm not sure. **Would you like me to call him?**
A: Yes, please. And when he arrives, take him directly to the conference room.

❸ Do you want me to see if I can get a hold of him?

A: It would be great if Mr. Phoenix could attend our next meeting as a guest speaker.
B: Do you want me to see if I can get a hold of him?
A: Will you, Rachael? I'd really appreciate it.

❹ Shall I try phoning Mr. Phoenix?

A: Oh, this copy machine isn't working right.
B: Shall I try phoning Mr. Phoenix in the maintenance department**?** I'm sure he can fix it.
A: He's not in today, unfortunately.

7. 提案・主張

A：彼女の飛行機の到着時刻が思い出せません。

B：アシスタントの**フェニックスさんに連絡してみましょうか？** 彼なら予定をご存じのはずですから。

A：いい考えですね。電話番号は知っていますか？

> **!Point**
> Shall I ...? は「…しましょうか？」という提案表現。「〜に連絡をとる」は"contact ＋人"で表現することができる。

A：フェニックスさんは遅れるんですか？
B：よくわかりません。**彼に電話してみましょうか？**
A：お願いします。それから，到着したら直接会議室にお連れしてください。

➡ would like 人 to ... は「(人)に…してほしい」という意味。

A：フェニックスさんが次回の会議にゲストスピーカーとして出席してくれたらすばらしいんだが。
B：**彼に連絡をとってみましょうか？**
A：いいのかい，レイチェル？ そうしてもらえるととてもありがたいよ。

➡ want 人 to ... は「(人)に…してほしい」という意味。get a hold of 〜 は「〜をつかまえる」が文字通りの意味。

A：あれ，このコピー機，調子が悪いね。
B：メンテナンス部の**フェニックスさんに電話してみましょうか？** 彼なら直せると思いますよ。
A：残念ながら，彼は今日休みなんだ。

➡ try ...ing は「…してみる」という意味。phone を動詞として用いている。

7-2 データをチェックしておきます。

❶ I'll check the data.

A: It's impossible to check the data by noon! I'm too busy writing up the proposal! B: Hey, **I'll check the data** for you. I've done it before so I know what to do. A: Great! I'd really appreciate that, Ken!	A：正午までにデータをチェックするなんて無理だよ！ 企画書を書き上げるのに忙しすぎる！ B：ねえ，**僕が代わりにデータのチェックをしてあげるよ**。前にもしたことがあって方法はわかっているから。 A：すごい！ そうしてもらえたら本当に助かるよ，ケン！

!Point check は日本語と同様に「チェックする」という意味で用いて OK。for you を文末につければ，「あなたに代わって」という意味を加えられる。

❷ I'll go over the data.

A: There seems to be something wrong with these financial records. B: **I'll go over the data** and see if anything is missing. A: Thanks! That would help.	A：これらの財務記録には間違いがあるようです。 B：**データを見直して**抜けているところがないか確認します。 A：ありがとう！ 助かります。

➡ go over 〜 は「〜を見返す，見直す」という意味。

❸ I'll look over the data.

A: I really wonder why we are losing sales. B: Perhaps the customer questionnaire results might help you find out the reasons. A: Oh, that's a good idea! **I'll look over the data** right now.	A：どうして売上が落ちているのか本当に不思議です。 B：顧客アンケートの結果を見れば原因がわかるかもしれませんよ。 A：それはよい考えですね！ さっそく**データを調べてみます**。

➡ look over 〜 は「調べる」という意味。

7-3　明日までにはすべて仕上げます。

❶ I'll finish it up by tomorrow.

A: You haven't submitted the list of our overseas clients yet. **B:** I'm really sorry. **I'll finish it up by tomorrow.** **A:** OK. Let me check it as soon as you finish it.	**A：** まだ外国のクライアントのリストを提出していませんよね。 **B：** 本当にすみません。**明日までにはすべて仕上げます。** **A：** わかりました。でき次第チェックさせてください。

！Point finish ～ up で「～を完成させる」という意味。by は「～までに」という意味で、"期限" を表している。

❷ They will be on your desk by tomorrow.

A: Where are the sales reports for last month? **B:** **They will be on your desk by tomorrow.** **A:** But, I really need them now!	**A：** 先月の営業報告書はどこですか。 **B：** **明日までには仕上げて机の上に置いておきます。** **A：** でも、どうしても今必要なんです！

➡ この they は the sales reports のこと。「営業報告書は明日までにはあなたの机に置かれますよ。」が直訳。

❸ I plan to have it done by tomorrow.

A: Are you still working on your sales presentation? **B:** Yeah. **I plan to have it done by tomorrow.** **A:** Well, sleep helps, you know!	**A：** まだ営業のプレゼンの準備をしているんですか。 **B：** ええ。**明日までには仕上げようと思います。** **A：** 眠ったほうがはかどりますよ！

➡ it は「営業のプレゼンの準備」のこと。"使役動詞の have + O + done" で「O を終わらせる」という意味を表している。

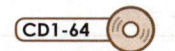

7-4 できるだけ早くやります。

❶ I'll do it as soon as I can.

A: When will you fix the machine?

B: **I'll do it as soon as I can** but I'm all tied up right now.

A: I know you are, but I need to use it!

❷ I'll get to it as soon as possible.

A: Hey, Carol. Where's the test model for our new product?
B: It's not ready yet, actually. **I'll get to it as soon as possible.**
A: You'd better! We need it for our presentation tomorrow.

❸ I'll take care of it as quickly as possible.

A: John, you haven't sorted out the stuff in storage, have you?
B: Not yet, but **I'll take care of it as quickly as possible**.
A: Well, if you need any help, just let me know. I can lend you a hand.

Business Tips

soon（すぐ）という語は頻繁に使われ便利だが，慌しいビジネスの世界では，可能な限り具体的な時期まで伝えたいところ。そのような場合には，期限を表す by を用いて I'll give it back to you <u>by</u> tomorrow morning.（明日の朝<u>まで</u>に返します。）などと言えばよ

7. 提案・主張

A: いつ機械を直してくれるんですか？
B: できるだけ早くやりますが，今は忙しくて手が離せないんです。
A: それはわかりますが，機械を使う必要があるんです！

> **!Point**
> fix the machine（機械を直す）という行動を it に置き換えて I'll do it と表現している。as soon as I can は「できるだけ早く」という意味で，as soon as possible と言い換えてもよい。

A: ちょっと，キャロル。新製品の試作品はどこだい？
B: 実はまだ準備ができていないんです。**なるべく早くに取りかかりますから。**
A: そうしてくれないと困るよ！ 明日のプレゼンに必要なんだから。

➡ get to ～ は「～に取りかかる」という意味。as soon as possible は，ASAP（エイエスエイピー／エイサップ）と省略して言うこともある。

A: ジョン，まだ入庫してある物の整理をしていませんよね？
B: まだですが，**なるべく早く対処します**。
A: もし助けが必要だったら言ってください。手を貸しますから。

➡ take care of ～ は「～を引き受ける，対処する」という意味で用いられている。

い。逆に，「すぐやります。」と言われた相手に具体的な時期を確認するのであれば，By when?（いつまでに？）と聞くとよい。

- 109 -

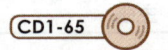

7-5 最善を尽くします。

❶ I'll do my best.

A: I hope you'll win some new clients in Japan, Yoshio.

B: I'll do my best, Ms. Williams.

A: You're the only one who speaks Japanese so we are really counting on you.

❷ I'll give it all I've got!

A: Hey. I heard you're up for a promotion.
B: Yeah, well, **I'll give it all I've got!**
A: Well, good luck!

❸ I'll do everything I can.

A: Please help, Peter. I must finish translating this by noon, but I'm only half way through it.
B: OK. **I'll do everything I can.** Got a dictionary?
A: Yes, here it is. What does this sentence mean, by the way?

❹ I'll help you in any way possible.

A: I'll never get this presentation ready for tomorrow morning's meeting!
B: Just relax! **I'll help you in any way possible.**
A: Really? I'm so glad you're here!

7. 提案・主張

A：良男，君が日本に何人か新たな顧客を獲得してくれることを願うよ。
B：**最善を尽くします**，ウィリアムズさん。
A：日本語を話せるのは君だけだから，本当に頼りにしているよ。

> **!Point**
> do one's best は「最善を尽くす」という意味。I hope you'll do your best.（君が最善を尽くすことを願います。）のように，do の主語にあたるものに合わせて所有格の部分を変化させる。

A：ねえ，昇進を目指してるんだってね。
B：ええ。**やれるだけやってみるわ！**
A：幸運を祈ってるよ！

➡ 直訳すれば，「自分がもっているものすべてを出す」ということ。Give it all you've got. とすれば，相手に向かって「最善を尽くせ」と励ます表現になる。

A：手伝って，ピーター。これを正午までに翻訳しないといけないのに，半分しか済んでいないの。
B：了解。**やれるだけやってみるよ。**辞書はある？
A：ええ，ここにあるわ。ところでこの文章はどういう意味？

➡ I can は everything の補足説明で，「私ができるすべて」という意味になる。

A：明日の午前中の会議までにこのプレゼンの準備をするなんて，できるわけありません！
B：落ち着いて！**できることは何でもしてあげますから。**
A：本当ですか？ あなたがここにいてくれて本当によかったです！

➡ in any way possible は in any way I can と言い換えることもでき，「どのような方法を使っても」というニュアンスがある。

- 111 -

7-6 お話ししたいことがあるのですが。

❶ There is something I need to talk to you about.

A: Mr. Taylor, **there is something I need to talk to you about**. **B:** What is it? **A:** Well, the parts we have just received from Le Bon International have some serious defects.	**A:** テイラーさん，**お話ししたいことがあるのですが。** **B:** どうしました？ **A:** たった今ルボン・インターナショナル社から届いた部品にひどい欠陥があるのです。

!Point "there + be 動詞＋名詞" で，「～がある」という意味。直訳すると「あなたに話さなければならない何かがあります。」となる。

❷ Can I discuss something with you in private?

A: Mr. Taylor, **can I discuss something with you in private?** **B:** Sure. Let's go to my office. **A:** Thank you.	**A:** テイラーさん，**2人で話したいことがあるのですが，よろしいですか？** **B:** ええ。では，私のオフィスに行きましょう。 **A:** ありがとうございます。

➡ discuss（話し合う）の後ろに話す内容を続ける場合，about などの前置詞は不要。in private は「他の人を交えず自分たちだけで」というニュアンス。

❸ I have something to tell you.

A: Are you free anytime this afternoon? **B:** Yes, I am available at 2:00. Why? **A:** **I have something to tell you.**	**A:** 今日の午後のどこかで，手の空く時間はありますか？ **B:** ええ。2時なら大丈夫ですが。どうしてです？ **A:** **お伝えしたいことがあるんです。**

➡ 直訳すると「私には，あなたに話すべき何かがあります。」となる。

8. 電話

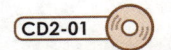

8-1 Z プランニングの佐藤良男です。

❶ This is Yoshio Sato with Z Planning.

A: Hello. This is Yoshio Sato with Z Planning.

B: Hello, Mr. Sato. This is Jane Harris.

A: Oh, hello, Ms. Harris! Thank you for returning my call.

❷ Z Planning, Yoshio Sato speaking.

A: Z Planning, Yoshio Sato speaking. May I help you?
B: Yes, please. This is Ann Dexter from A&R International calling for Fred Gilbert.
A: I'll see if he is in. Please hold the line.

❸ Hello, Z Planning. This is Yoshio Sato speaking.

A: Hello, Z Planning. This is Yoshio Sato speaking.
B: Hello, Mr. Sato. Do you know where Mr. Tanaka is?
A: I believe he's in a meeting right now. Why?

❹ Thank you for calling Z Planning. This is Yoshio Sato.

A: Thank you for calling Z Planning. This is Yoshio Sato. How may I help you?
B: This is Kristian Jones. May I please speak with Ms. Conner?
A: OK. She will be ready to talk to you in just a few minutes.

8. 電 話

A：はい。**Zプランニングの佐藤良男です。**

B：こんにちは，佐藤さん。こちらジェーン・ハリスです。

A：ああ，どうも，ハリスさん！ 折り返しお電話いただきありがとうございます。

> **!Point**
> 電話で名乗る場合には，This is ～ (speaking). という表現を使う。I am ～ とは言わないので注意。また，氏名の後に "with/from ＋社名" を加えることで，社名を伝えることができる。

A：**Zプランニングの佐藤良男と申します。**どのようなご用件でしょうか？
B：ええ，A&Rインターナショナルのアン・デクスターですが，フレッド・ギルバートさんとお話がしたいのです。
A：社内にいるかどうか確認してみます。電話を切らずにお待ちください。

➡ 社外からの電話に出る場合には，まず会社名から述べるのもよい。This is が省略された言い方。

A：**はい，Zプランニングです。私，佐藤良男と申します。**
B：もしもし，佐藤さん。田中さんはどこかご存じですか？
A：ただ今彼は会議中だと思うのですが。いかがされましたか？

➡ まず手短に社名だけを告げ，その後に自分の名前を述べるパターン。

A：**Zプランニングにお電話いただきありがとうございます。こちらは佐藤良男です。**どのようなご用件でしょうか？
B：クリスチャン・ジョーンズです。コナーさんとお話しできますでしょうか？
A：かしこまりました。コナーはすぐに電話口にまいりますので。

➡ 電話をかけてきた相手にまずお礼を言ってから応答するのもよいだろう。

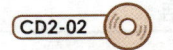

8-2 お名前をお聞きしてもよろしいでしょうか？

❶ May I ask your name, please?

A: May I ask your name, please?

B: Yes. It's Jeremy Cuthbert.

A: Would you spell your last name?

❷ May I ask who's calling, please?

A: Hello. Could I speak to Andy Grainger?
B: May I ask who's calling, please?
A: Yes. This is Kim Miles from Moyo International.

❸ Could you say your name again, please?

A: Hi. This is Yoshio Sato. I'd like to speak to Tom Davis in the sales department.
B: Could you say your name again, please?
A: Yes. This is Yoshio Sato from Z Planning. I have an appointment with Mr. Davis this afternoon.

Business Tips

相手の名前が正確に聞き取れなかった場合，あいまいなままではビジネスに支障をきたしてしまう可能性もあるので，不安があれば必ずつづりを確認するようにしよう。姓名の両方がわからなければ，Could you spell your full name for me, please?（フルネームのつづりを教えていただけますか？）と聞くことができる。ファーストネームのみを聞きた

8. 電話

A：お名前をお聞きしてもよろしいでしょうか？

B：ええ。ジェレミー・カスバートです。

A：苗字のつづりを教えていただけますか？

> **!Point**
> May I ...? は「…してもいいですか？」という許可を求める表現。文末に please をつけるとより丁寧な言い方になる。

A：もしもし。アンディ・グレインジャーさんとお話ししたいのですが。
B：どちら様かお伺いしてもよろしいでしょうか？
A：はい。モヨ・インターナショナルのキム・マイルズです。

➡ 直訳だと，「誰がかけているのかを聞いてもいいですか？」となる。

A：もしもし。佐藤良男です。営業部のトム・デイビスさんと話がしたいのですが。
B：もう一度お名前をお願いできますか？
A：はい。Zプランニングの佐藤良男です。今日の午後デイビスさんと会う約束があるのです。

➡ 相手の名前が聞き取れなかった場合に用いる表現。Could I ask your name again, please? という聞き方もできる。

ければ，full name の代わりに first name を使えばよい。また，自分の名前のつづりを聞かれることも多いが，その時はゆっくりと It's T-A-N-A-K-A.（T-A-N-A-K-Aです。）のように答えよう。

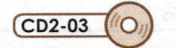

8-3 どのようなご用件ですか？

❶ May I ask what this is regarding?

A: Hello. This is Jennifer Creekmore calling for Kirk Bronson in sales.

B: **May I ask what this is regarding?**

A: Yes. I have a few questions about the product he showed me last week.

❷ What about?

A: Hi, it's Kristin. Can we talk for a few minutes?
B: **What about?** I'm a bit busy right now, but if it's urgent…
A: Oh, I'll call back later then. I just thought I'd tell you about the person joining the team.

❸ Could you tell me what you are calling about?

A: We aren't really satisfied!
B: Excuse me, but **could you tell me what you are calling about?**

A: The parts you shipped us last week! They are defective!

Business **T**ips

電話を受けたら，(1) あいさつ，(2) 会社に電話をかけてもらったことへのお礼，(3) 自分の名前をまず伝え，丁寧で感じのよい応対を心がけよう。不在の人宛ての電話である場合

8. 電話

A：もしもし。ジェニファー・クリークモアと申しますが，営業部のカーク・ブロンソンさんとお話ししたいのです。
B：**どのようなご用件か伺ってもよろしいですか？**
A：はい。先週見せていただいた製品についていくつか質問があるのです。

> **!Point**
> regarding は「〜に関して」という意味の前置詞。直訳すると「これ（＝この電話）が何に関するものであるか，お尋ねしてもよろしいですか？」ということ。

A：もしもし，クリスティンです。少し話せるかしら？
B：**何についてだい？** 今ちょっと忙しいんだけど，もしも緊急の要件なら…。
A：ああ，だったら後でかけ直すわ。チームに加わる新人のことを話しておこうと思っただけだから。

➡ What about? で「何について？」という意味になる。親しい同僚への対応であれば，このくらいくだけた表現でも OK。

A：こちらとしては満足できないところがあります！
B：恐れ入りますが，**どういったことでお電話なさっているかお聞かせ願えますか？**
A：先週こちらに送ってきたパーツの件ですよ！ 欠陥品でしたよ！

➡ call about 〜 で「〜について電話をする」という意味。

には，相手の名前や用件，連絡先などを確認するのを忘れないようにしよう。

8-4　お電話が遠いようなのですが。

❶ We seem to have a bad connection.

A: **We seem to have a bad connection.** Could you please give me your number again?

B: No problem. It's 123-4567.

A: Thank you. I'll call you again in a minute.

❷ There's something wrong with the line, and I can't hear you well.

A: **There's something wrong with the line, and I can't hear you well.**
B: Then, I'll try calling you again.
A: Great! Maybe that will help.

❸ The line is breaking up and I couldn't catch what you were just saying.

A: **The line is breaking up and I couldn't catch what you were just saying.** Could you say that again, please?
B: Oh, OK. I just said we'd sent out a brochure to you.
A: Thank you. I'm looking forward to receiving it.

Business Tips

周りの騒音などにより電話での会話が聞き取りにくい状況にある場合や，電波が悪くつながりにくい場合には，無理に話を続けるのではなく，いったん電話を切り，静かな場所か

8. 電話

A：**お電話が遠いようなのですが。** もう一度お電話番号をお教えいただけますか？

B：いいですよ。123-4567 です。

A：ありがとうございます。すぐにかけ直しますね。

> **!Point**
> have a bad connection は「つながりが悪い」という意味。「電話が遠い」を直訳して Your telephone seems far away. と言っても通じない。誤解を招かないためにも，直訳によるミスには十分気をつけよう。

A：**電話回線の調子が悪いようで，お声が聞き取りづらいのですが。**

B：では，かけ直してみます。
A：よかった！ それで解決するかもしれませんね。

➡ there is something wrong with ～ は「～の調子が悪い」という意味。

A：**接続が悪いようで，今何とおっしゃっていたか聞き取れませんでした。** もう一度お願いできますか？
B：ええ，わかりました。パンフレットをお送りしたと申し上げたのです。
A：ありがとうございます。届くのを楽しみにしております。

➡ break up は通話が「途切れる」という意味で使われている。catch は「（言葉を）聞いてわかる」という意味。

らかけ直すのがエチケットだ。

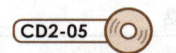

8-5 ～につないでいただきたいのですが。

❶ Could you put me through to ～ ?

A: Z Planning, Yoshio Sato speaking.

B: This is Lindsay Drew from K-M International. **Could you put me through to** Mr. Andy Grainger?

A: Just a moment, please.

❷ Can I speak to ～ ?

A: Hello, this is Yoshio Sato. **Can I speak to** Mr. Harrison?
B: Hello, Mr. Sato. I'll put you through to him right away.
A: Thank you.

❸ Could you connect me to ～ ?

A: **Could you connect me to** Mr. Taylor?
B: I'm afraid he's not in right now. Would you like to leave a message?
A: Yes. Please tell him I need to cancel our meeting this Friday.

Business Tips

具体的な人名を挙げて「～につないでください」と言う場合も多いが、内線番号を伝えて「○番につないでほしい」と言うこともある。そのような時には、I'd like extension

8. 電話

A：Zプランニングの佐藤良男です。

B：こちらはK-Mインターナショナルのリンジー・ドリューです。アンディ・グレインジャーさん**につないでいただきたいのですが**。

A：少々お待ちください。

> **!Point**
> put 人 through to ～ で「(人)からの電話を～につなぐ」という意味になる。Could you ...? は丁寧な依頼表現。

A：もしもし，佐藤良男です。ハリソンさん**とお話ししたいのですが**。
B：佐藤様，こんにちは。すぐにおつなぎいたします。
A：ありがとう。

➡ 「～と話すことはできますか？」と言うことで「～につないでほしい」と伝えることもできる。

A：テイラーさん**につないでいただけますか？**
B：あいにくですが，彼はただ今社内におりません。伝言を残されますか？
A：はい。今週金曜日の会議はキャンセルさせていただきたいとお伝えください。

➡ connect 人 to ～ で，「(人)を～につなぐ」という意味になる。

567. や Could you connect me to extension 567? といった表現を使おう。

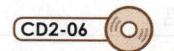

8-6 少々お待ちください。

❶ Please hold the line.

A: So, you want me to check how many paid vacation days you still have left, right?

B: Yes. I was told to ask you.

A: OK. **Please hold the line.** I'll check for you.

❷ Wait a second.

A: Hello, Sarah. Do you know what time the meeting starts this afternoon?
B: **Wait a second**, and I'll look it up.
A: Thanks. I knew you were the right person to call.

❸ Just a moment, please.

A: Z Planning, Yoshio Sato speaking. How may I help you?
B: I'm trying to get in touch with Laura Zane.
A: **Just a moment, please.**

Business Tips

電話のかけ手をしばらく待たせてしまう場合には，失礼のないよう，次のような表現を用いてその理由を説明するように心がけよう。He's in the printing room now. I'll go get him for you.（彼は今印刷室にいます。呼んできますね。）I'll check the data for you.（データを確認してみます。）I'll see if he's still in his office.（彼がまだオフィスにいるか確認してみます。）

8. 電話

A：有給があと何日残っているかを確認してほしいというわけですね？

B：ええ。あなたに尋ねるよう言われたのです。

A：わかりました。**電話を切らずに待っていてください**。お調べしますので。

> **!Point**
> hold は「電話を切らずに待つ」という意味。the line をつけず，Could you hold? や Please hold (while ...) といった表現も可能。

A：もしもし，サラ。今日の午後，会議は何時に始まるか知ってる？

B：**ちょっと待って**，調べてみるから。

A：ありがとう。電話するならきみだってわかってたよ。

➡ a second は「(1 秒くらいに) 短い間，少し」という意味。

A：Z プランニングの佐藤良男です。どのようなご用件でしょうか？

B：ローラ・ゼーンさんとお話ししたいのですが。

A：**少々お待ちください**。

➡ a moment は「少しの間」という意味。

また，相手をしばらく待たせてしまったのちに電話口に戻る際には，I'm sorry to have kept you waiting.（お待たせしてしまい申し訳ありません。），Sorry it took so long.（長らくお待たせいたしました。），Thank you for waiting.（お待ちいただきありがとうございました。）などの表現でお詫びをしてから話を続けよう。

CD2-07

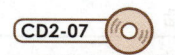

8-7　あいにくですが，山田はただ今不在にしています。

❶ I'm afraid Mr. Yamada isn't in at the moment.

A: Could I speak to Mr. Ken Yamada, please?

B: I'm afraid Mr. Yamada isn't in at the moment.

A: Do you know what time he'll be back?

❷ Mr. Yamada is currently unavailable.

A: Hello. This is Yoshio Sato. Is Mr. Yamada there?
B: I'm sorry, but Mr. Yamada is currently unavailable.
A: OK, then I'll call back later.

❸ He is out of the office right now.

A: Hello. Is Mr. Yamada there?
B: No, he is out of the office right now.
A: OK. Can I leave a message?

Business Tips

求められている相手が不在である場合には，簡単にその理由も説明したいところ。次のような表現を参考にしてみよう。He's away on business.（彼は出張中です。）　He's out for lunch now.（彼は今，昼食で外に出ています。）　He's not in today.（今日はお休みをいただいております。）　He's on another line right now.（彼は今別の電話に出ています。）　I'm afraid he no longer works here.（恐れ入りますが，彼はもう弊社では働いて

8. 電話

A：山田健さんとお話ししたいのですが。

B：**あいにくですが，山田はただ今不在にしています。**

A：何時にお戻りになるかご存じですか？

> **!Point**
> I'm afraid ... は，相手にとってよくないことを伝える時の丁寧な表現。in は「中にいる」という意味なので，isn't in は「社内にいない」ということ。at the moment は「ただ今，ちょうど今」という意味。

A：もしもし，佐藤良男です。山田さんはおられますか？

B：すみませんが，**山田は今電話には出ることができません。**

A：わかりました。では，のちほどかけ直します。

➡ unavailable という形容詞は available の反意語で，「手が空いていない」という意味で用いることができる。

A：もしもし，山田さんはいらっしゃいますか？

B：いいえ，**彼はただ今オフィスにおりません。**

A：わかりました。伝言を残してもいいですか？

➡ out of ～ で「～の外」という意味。「社外にいる」という表現で不在を伝えている。

おりません。）　また，不在にしている期間がわかる場合には，He's away from his desk, but he should be back in a few minutes.（彼は今席を外していますが，数分で戻ってくるはずです。），He should be back by 1:00.（1時までには戻るはずです。）などと伝えると親切。

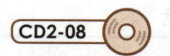

8-8 彼の電話番号を教えていただけますか？

❶ Could I have his phone number, please?

A: Mr. McRoberts is in Oregon now, and he'll be back on the 23.

B: Well, **could I have his phone number, please?**

A: I need his permission to give you his personal number.

❷ Is it possible for me to get his phone number?

A: Mr. McRoberts isn't there yet?
B: No, he isn't. **Is it possible for me to get his phone number?**
A: I'm sorry, but I can't give out that information. I will contact him and have him call you instead.

❸ Would you mind giving me his phone number?

A: Mr. Edwards called while you were out. He needs to speak with you.

B: Would you mind giving me his phone number?
A: No problem. It's 123-4567.

❹ Could you tell me his phone number?

A: I'd like to speak to Yoshio Sato in the planning department, please.
B: I'm afraid he's out now, but you can reach him on his cell phone.
A: OK. **Could you tell me his phone number?**

8. 電 話

A：マクロバーツはただ今オレゴンにおり，23日に戻る予定です。
B：では，**彼の電話番号を教えていただけますか？**
A：私用の電話番号を差し上げるには彼の許可が必要です。

> **!Point**
> Could I have ～? は「～をいただけますか？」という意味。「携帯電話番号」は cell (phone) number,「自宅の番号」は home (phone) number,「職場の番号」は work number と表現する。

A：マクロバーツはまだそちらに着いていないのですか？
B：ええ。**彼の電話番号を教えていただくことはできますか？**
A：すみませんが，そのような情報はご提供できません。代わりに私から彼に連絡をとり，あなたに電話をかけさせます。

➡ Is it possible for me to ...? で「私が…することは可能ですか？」という意味になる。

A：外出されている間にエドワーズさんから電話がありました。あなたとお話ししたいとのことでした。
B：**彼の電話番号を教えてもらえますか？**
A：いいですよ，123-4567 です。

➡ Would you mind ...ing? は丁寧な依頼表現。「…することは嫌ですか？」が文字通りの意味なので，了承する場合には No と返事をする。

A：企画部の佐藤良男さんとお話がしたいのですが。
B：今は外出しておりますが，携帯電話に電話していただくこともできます。
A：わかりました。**彼の電話番号を教えていただけますか？**

➡ Could で始まる丁寧な依頼表現。tell 人 ～ で「(人)に～を教える」という意味になる。

8-9 伝言をお願いできますか？

❶ Could I leave a message for him?

A: I'm afraid he's on holiday this week.

B: Oh, is he? Well, **could I leave a message for him?**

A: Of course.

❷ Could you give him a message from me?

A: Could you give him a message from me?
B: Of course, Mr. Andrews.
A: Thank you. Please tell him I'll call again tomorrow.

❸ Can you take a message?

A: Ms. Jackson is in a meeting right now.
B: Can you take a message?
A: Sure. Let me get a pen.

Business **T**ips

求められている人が不在の場合は，できればこちら側から Would you like to leave a message?（伝言をお残しになりますか？），Can I give her a message?（彼女に伝言しておきましょうか？）などと相手に聞くようにしたい。
伝言内容を述べる時には，Please just tell him I called.（私から電話があったとだけ彼に

8. 電話

A：すみませんが，彼は今週はお休みをいただいております。
B：ああ，そうなのですか？ では，**伝言をお願いできますか？**
A：もちろんかまいませんよ。

> **!Point**
> Could I ...? は許可を求める丁寧な表現。leave a message で「伝言を残す」という意味なので，直訳すると「彼に伝言を残してもよろしいでしょうか？」ということになる。

A：**彼に伝言をしていただけますか？**
B：もちろんです，アンドリューズさん。
A：ありがとうございます。では，明日また電話しますとお伝えください。

➡ give 人 a message で「(人)にメッセージを伝える」という意味になる。

A：ジャクソンはただ今会議に出ています。
B：**伝言を引き受けていただけませんか？**
A：もちろんいいですよ。ペンを用意しますね。

➡ take a message は「伝言を引き受ける」という意味。

──────────────────────────────

お伝えください。)，Please tell him to read the e-mail I sent him as soon as possible. (私が送った E メールをなるべく早く読むよう彼にお伝えください。) などの表現が使えるだろう。

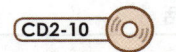

8-10 のちほどおかけ直しいただけますか？

❶ Could you call back later?

A: Hi, this is Yoshio Sato from Z Planning. Can I speak to Jaden Harris, please?

B: I'm afraid he's in a meeting right now. **Could you call back later?**

A: OK. I'll call back later then. Thank you.

❷ Would you mind contacting us again later?

A: I'd like to speak to Paul Walsh about the new product to be released on June 9.
B: I'm sorry Mr. Yamada. He's out to lunch now. **Would you mind contacting us again later?**
A: No, not at all. What time should I call back?

❸ Is it possible to give me a call?

A: I'm not sure right now. **Is it possible to give me a call** later on this week**?**
B: OK. But, I need this information as soon as possible.
A: I know, I know. I'll get it to you as soon as I can.

Business Tips

かけ直すよう頼まれたら，かけ直す時間帯を具体的に伝えておくとよい。I'll call back の後に in about an hour（1時間後くらいに）や after 5:00（5時以降に）などを続ければ

8. 電話

A：もしもし，Ｚプランニングの佐藤良男です。ジェイデン・ハリスさんをお願いできますか？

B：申し訳ないのですが，彼はただ今会議に出ております。**のちほどおかけ直しいただけますか？**

A：わかりました。ではそうします。ありがとうございました。

> **Point**
> Could で始まる丁寧な依頼表現。call back は「かけ直す，折り返し電話をする」という意味で用いられる。

A：6月9日に発売される新製品についてポール・ウォルシュさんとお話をしたいのですが。

B：山田さん，すみません。ウォルシュは今昼食を取りに外に出ています。**また後でご連絡いただけませんか？**

A：かまいませんよ。何時にかけ直せばいいですか？

➡ Would you mind ...ing? は，直訳すると「…するのは嫌ですか？」という意味になる丁寧な依頼表現。

A：今はわかりません。今週の後半にでも**またお電話をいただけますか？**

B：ええ。でも，この情報はなるべく早急に必要なんです。

A：わかっていますとも。できるだけ早く情報をお伝えしますから。

➡ Is it possible to ...? は「…することはできますか？」という意味の丁寧な依頼表現。give 人 a call で「（人）に電話をする」という意味になる。

OK。また，Is it OK if I call back at around 3:00?（3時頃かけ直してもかまいませんか？）などと相手に確認してもよいだろう。

8-11 折り返しお電話差し上げるよう彼に伝えましょうか？

❶ Shall I ask him to call you back?

A: I guess I'll try calling him again later. Do you know what time he'll be back?

B: I'm not sure. **Shall I ask him to call you back** when he gets in?

A: Oh, I'd really appreciate that. My number is 123-4567.

❷ Would you like him to give you a ring?

A: I'm sorry, Mr. Yamada, but he's not in right now.
B: Oh, he's not? I really need to talk to him urgently.
A: **Would you like him to give you a ring** as soon as he gets back?

❸ I'll have him call you back if you don't mind.

A: **I'll have him call you back if you don't mind.**
B: I'm leaving the office very soon, so I'll call again tomorrow.
A: OK. I'll tell him you called. He'll be here by 8:30 tomorrow morning.

Business Tips

通話の相手が忙しそうな場合，無理に電話での会話を続けるのではなく，後でかけ直すことや，別の手段で連絡することを提案するとよい。I'll send you the information via e-mail. You can check it later. (Eメールで情報をお送りします。後で確認してくだされ

8. 電　話

A：後でかけ直すことにします。彼が何時にお戻りになるかをご存じですか？

B：わかりません。戻ってきたら**折り返しお電話差し上げるよう伝えましょうか？**

A：ああ，そうしていただけるとありがたいです。私の電話番号は 123-4567 です。

> **!Point**
> Shall I ...? は「…しましょうか？」という提案表現。ask 人 to ... は「(人)に…するよう頼む」という意味になる。

A：山田さん，申し訳ありませんが，彼はただ今不在にしているのです。
B：ああ，そうなのですか？ 緊急に話をしないといけないのですが。
A：戻り次第，**彼から電話を差し上げたほうがよろしいでしょうか？**

➡ would like 人 to ... は「(人)に…してほしい」という意味。Would you like 人 to ...? とすれば，「(人)に…してほしいですか？」と尋ねる表現になる。

A：**もしよろしければ，彼に折り返し電話をさせますが。**
B：もうすぐオフィスを出ますので，また明日私からお電話いたします。
A：わかりました。お電話のあったことを伝えておきます。明日の朝，彼は8時半までには出社します。

➡ "have ＋人＋動詞の原形" は「(人)に…させる」という "使役" の意味になる。if you don't mind は「もし差し支えなければ」という意味の表現。

....

ばいいですから。）　I'll hang up now and fax the information, OK?（電話を切って，情報をファックスでお流ししますね？）

8-12　電話番号を復唱いたします。

❶ I'll repeat the number.

A: My office number is 123-4567.	**A:** 私の勤務先の電話番号は123-4567です。
B: OK, **I'll repeat the number.** It's 123-4567. Is that correct?	**B:** では，**番号を復唱いたします。** 123-4567。これで合っていますか？
A: Yes, it is.	**A:** はい，合っています。

Point repeat は「繰り返す」という意味の動詞。

❷ Let me verify the number.

A: The number here is 123-4567.	**A:** こちらの番号は123-4567です。
B: **Let me verify the number.** Did you say 123-4567?	**B:** **番号を確認させてくださいね。** 123-4567とおっしゃいましたか？
A: Yes, that's right.	**A:** ええ，その通りです。

➡ "Let + me +動詞の原形" は「私に…させてください」という意味。また，verify は「確認する」という意味の動詞。

❸ Let me make sure I got the right number.

A: My cell phone number is 090-1234-5687.	**A:** 私の携帯電話の番号は090-1234-5687です。
B: **Let me make sure I got the right number.** That was 090-1234-5678?	**B:** **正しい番号を控えたか確認させてください。** 090-1234-5678でしたか？
A: No. It is 090-1234-5687.	**A:** いいえ。090-1234-5687です。

➡ make sure (that) S V は「S が…であることを確かめる」という意味。

8-13　失礼いたします。（電話を切る時のあいさつ）

❶ Good-bye.

A: I'm glad we were able to talk about this. **B:** So am I, Brian. **A:** Well, thank you for your time, Ms. Dawson. **Good-bye.**	**A：** この件についてお話できたことをうれしく思います。 **B：** 私もですよ，ブライアン。 **A：** ドーソンさん，お時間をいただきどうもありがとうございました。**失礼いたします。**

Point　電話を切る際に言う日本語の「失礼します」にピッタリ当てはまる表現は英語にはない。「さようなら」に当たる Good-bye. を使えばよいが，簡単に謝辞を添えるのが基本。

❷ Good day to you.

A: Thank you for taking time out of your busy schedule to call me. **B:** No problem. I am just glad that I was able to help you solve the problem. **A:** Thank you again. **Good day to you**, sir.	**A：** お忙しいのにお電話くださりありがとうございました。 **B：** いいんですよ。問題解決のお手伝いができてよかったです。 **A：** ありがとうございました。では，**失礼します。**

➡ 直訳すると「よい一日をお過ごしください。」となるこの表現は，別れ際のあいさつとして用いることができる。

Business Tips

ビジネスシーンにおける電話を終える場合は，Thank you for your time.（お時間をありがとうございました。）や Thank you. I'll see you on Monday.（どうもありがとうございました。では月曜にお会いしましょう。）などのように，お礼で締めくくるのが礼儀。

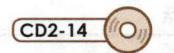

8-14 すみません，番号を間違えたようです。

❶ I'm sorry, I must have dialed the wrong number.

A: Hi. This is Fred Gilbert from Z Planning. May I speak to Ms. Rachael Simmons?

B: Rachael Simmons? There is no one named Simmons here.

A: I'm sorry, I must have dialed the wrong number.

❷ I must have the wrong number.

A: Hello. Is this Bill?
B: Bill who?
A: Oops, sorry! I must have the wrong number.

❸ Looks like I made a mistake dialing the number.

A: Is this 365-4678?
B: No. It's 365-4687.
A: Oh, sorry. Looks like I made a mistake dialing the number.

Business **T**ips

電話に出た人が自分の話したい相手ではないと気づいたら，This is Yoshio Sato from Z Planning. Isn't this Mr. Harrison's number?（Zプランニングの佐藤良男と申します。こちらはハリソンさんの電話番号ではありませんか？）や I'm sorry. Did I dial

8. 電話

A：もしもし。こちらZプランニングのフレッド・ギルバートです。レイチェル・シモンズさんとお話ししたいのですが。
B：レイチェル・シモンズですか？ ここにはシモンズという人はいませんが。
A：**すみません，番号を間違えたようです。**

> **!Point**
> must は「…に違いない」という意味。後ろに完了形をおくと，「…したに違いない」と過去のことに言及する表現になる。dial は「（電話などの）ダイアルを回す」という意味の動詞。

A：もしもし，ビルですか？
B：どちらのビルでしょうか？
A：ああ，すみません！ **電話番号を間違えたようです。**

➡ have the wrong number で「番号を間違える」という意味を表すことができる。

A：そちらの番号は365-4678ですか？
B：いいえ。こちらは365-4687です。
A：あ，すみません。**誤ってそちらにかけてしまったようです。**

➡ Looks like ... で「…であるようだ。」という意味になる。

123-4567？（すみません。私がかけた番号は123-4567でしょうか？）などと聞くのがエチケット。逆に，間違い電話を受けた場合には，I think you've dialed the wrong number.（どうやら番号をお間違えのようですね。）などと言って対応しよう。

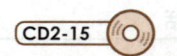

8-15 午前中にお電話をいただきました，佐藤です。

❶ My name is Yoshio Sato. You called me this morning.

A: Hello, this is Jane Harris speaking. **B:** Hello. **My name is Yoshio Sato. You called me this morning.** **A:** Oh, hi, Mr. Sato. Thank you for calling me back.	**A：**はい，ジェーン・ハリスです。 **B：**もしもし。午前中にお電話をいただきました，佐藤です。 **A：**ああ，どうも，佐藤さん。折り返しお電話をいただきありがとうございます。

!Point まず自分の氏名を述べてから，電話をもらっていたことを伝えよう。

❷ This is Yoshio Sato. I'm returning your call from this morning.

A: Hello. **This is Yoshio Sato. I'm returning your call from this morning.** **B:** Oh, right. I was wondering if you can make it to a meeting this afternoon at 3:30. **A:** Let me check my schedule.	**A：**もしもし。佐藤良男です。今朝お電話をいただいたようなのですが。 **B：**ああ，はい。今日午後3時半からの会議にご出席いただけるかと思いまして。 **A：**スケジュールを確認させてください。

➡ return one's call で「（電話をくれた相手に）折り返し電話をかける」という意味。

Business Tips

電話をかけた時，出た相手が忙しそうな場合には，まず Is this a good time for me to call you?（今お電話でお話しさせていただいてもよろしいでしょうか？）と尋ねるとよいだろう。

9. 訪問・来客

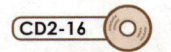

9-1　スーザン・マクドナルドさんですか？

❶ Are you Ms. Susan McDonald?

A: Excuse me. **Are you Ms. Susan McDonald** from Chicago?

B: Yes, I am. Well, you must be...

A: Yes, I'm Ken Yamada from Z Planning. Nice to meet you, Ms. McDonald.

❷ Susan McDonald?

A: Hello. **Susan McDonald?**
B: Yes, I'm Susan McDonald.
A: Welcome to Japan, Ms. McDonald. I'm Ken Yamada.

❸ Would you happen to be Susan McDonald?

A: Would you happen to be Susan McDonald?
B: Yes. How did you know?
A: I was told to meet you here. I'm Ken Yamada with Z Planning.

Business Tips

初対面の場合には名刺の交換をすることも多いが，出し方や出すタイミングに特に決まりはない。次のような表現を参考にしてみよう。A: Do you have a business card, Mr. Young?（名刺はお持ちですか，ヤングさん？）B: Sure. Here's my card, Mr. Jones.

9. 訪問・来客

A：すみません。シカゴから来られた**スーザン・マクドナルドさんですか？**
B：そうです。あなたは…。

A：Ｚプランニングの山田健です。お会いできてうれしいです，マクドナルドさん。

> **!Point**
> 「あなたは～ですか？」という質問をしたい場合には，Are you ～? という表現を使う。面識はないが「～さんに違いない」という状況であれば，You must be Ms. McDonald.（マクドナルドさんですよね。）のように話しかけてもよいだろう。

A：こんにちは。**スーザン・マクドナルドさんですか？**
B：ええ，私はスーザン・マクドナルドです。
A：日本にようこそ，マクドナルドさん。私は山田健です。

➡ 相手の氏名を確認する場合であれば，このように姓名のみを述べて語尾を上げるだけでもOK。

A：**ひょっとしてスーザン・マクドナルドさんですか？**
B：ええ。どうしてご存じなのですか？
A：ここでお迎えするようにと命じられてきましたので。私はＺプランニングの山田健です。

➡ Would you happen to be ～? は，「ひょっとして～でしょうか？」という意味。

・・

Could I have one of yours?（もちろんです。さあどうぞ，ジョーンズさん。ジョーンズさんの名刺もいただけますか？） A: Of course. My contact information is on the back of the card.（いいですとも。私の連絡先は名刺の裏に印刷されていますから。）

9-2 弊社へようこそいらっしゃいました。

❶ Welcome to our company.

A: **Welcome to our company**, Mr. Carson.

B: Hi, Ms. Beckwith. Thank you for inviting me to be here today.

A: Thank you. How was your flight?

❷ It's good to have you with us.

A: **It's good to have you with us**, Mr. Chan. We are very excited to hear your presentation!
B: Thank you, Ms. Baker. I'm very happy to be here, too.

A: Let's go see if the auditorium has been set up.

❸ Welcome!

A: Hello. I'm Donald Carson. I'm here to see Ms. Beckwith.

B: **Welcome**, Mr. Carson! The meeting won't start for another 20 minutes, so let me show you around.
A: Thank you. I'd appreciate that.

❹ We appreciate your visiting us.

A: Hello, Mr. Evans. Nice to meet you.
B: Nice to meet you, too, Ms. Campbell. **We appreciate your visiting us** today.
A: Thank you very much.

9. 訪問・来客

A: **弊社へようこそいらっしゃいました**，カーソンさん。
B: ベックウィズさん，こんにちは。今日はお招きいただきありがとうございます。
A: いやどうも。飛行機の旅はいかがでしたか？

> **Point**
> Welcome to ～ で「～へようこそ」という意味になる。Welcome to Z Planning. のように，会社名を述べてもOK。

A: **弊社へようこそいらっしゃいました**，チャンさん。あなたのプレゼンテーションを聞けるなんて，みんなワクワクしています。
B: ありがとう，ベイカーさん。私もこちらに来られて本当にうれしく思っています。
A: では，ホールの準備が整ったかどうか見に行ってみましょう。

➡ 直訳すれば「私たちのもとにあなたがいてよかったです。」ということ。

A: こんにちは。私はドナルド・カーソンと申します。ベックウィズさんにお会いするために伺いました。
B: **ようこそ**，カーソンさん！ 打ち合わせ開始までにはまだ20分ありますので，社内をご案内しましょう。
A: ありがとうございます。そうしていただけるとうれしいです。

➡ Welcome 単独でも「ようこそいらっしゃいました」という意味で使える。

A: こんにちは，エバンスさん。はじめまして。
B: こちらこそ，キャンベルさん。本日は**ようこそおいでくださいました**。

A: どうもありがとうございます。

➡ appreciate ...ing は「…してくれてありがとう」という意味。your は visit という動作の主体を表している。

9-3 本日はお招きいただきありがとうございます。

❶ Thank you for inviting us today.

A: We really appreciate your taking the time to visit us, Mr. Moore.

B: Thank you for inviting us today.

A: Well, Mr. Moore, let me give you a quick tour of our office first.

❷ I am honored to be here today.

A: I am honored to be here today, Ms. Price.
B: We've been looking forward to meeting you, Mr. White.
A: So have I. Now let me introduce you to Ed Simmons and Dave Hudson.

❸ We are so pleased that we were able to come.

A: We are so pleased that we were able to come.
B: I hope you enjoy my presentation today!
A: I'm sure we will.

❹ I'm so glad that you asked us to be here today.

A: Now that was a very productive meeting!
B: Yes. I'm so glad that you asked us to be here today.
A: You contributed a lot to our discussion!

9. 訪問・来客

A：ムーアさん，お時間を割いて弊社に来ていただき，本当にありがたく思っております。
B：**本日は私たちをお招きいただきありがとうございます。**
A：ではムーアさん，まずざっとオフィスをご案内させてください。

> **Point**
> Thank you for ...ing. で「…してくれてありがとう。」という意味になる。for の後には，名詞もしくは ...ing（動名詞）が置かれる。

A：プライスさん，**本日はお招きいただき光栄です。**
B：ホワイトさん，お会いできるのを楽しみにしていましたよ。
A：私もです。では，エド・シモンズとデイブ・ハドソンにあなたのことをご紹介させてください。

➡ be honored は「光栄に思って」という意味。be honored to ... という形で，「…できて光栄だ」という表現になる。

A：**お伺いすることができて本当にうれしく思っています。**
B：今日は私のプレゼンテーションを楽しんでいただけるといいのですが！
A：楽しみますとも。

➡ be pleased that ... は「…してうれしい」という意味の表現。

A：非常に生産的なミーティングでしたね！
B：そうですね。**今日はお招きいただき本当にうれしく思っています。**
A：あなたは議論に大いに貢献してくださいました！

➡ 別れ際にも同様の表現でお礼を述べればよい。glad は「うれしい」という意味。

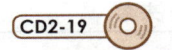

9-4 弊社を見つけるのに苦労しませんでしたか？

❶ Did you have any problems finding our company?

A: Did you have any problems finding our company?

B: No. You'd told me it's right in front of a huge tree and that's all I had to find.

A: Good. I was worried you might have a hard time getting here.

❷ Did you get here OK?

A: Did you get here OK?
B: Well, I managed to arrive on time.
A: Thank goodness! Traffic is horrible around here at this time of the day.

❸ Was it hard to find our office?

A: Was it hard to find our office?
B: No. The directions you gave me were very clear.
A: That's good then. Follow me to the meeting room.

❹ Didn't you get lost?

A: Didn't you get lost?
B: Actually I did. I am so sorry I'm late.
A: Don't worry about it. It happens all the time.

9. 訪問・来客

A: 弊社を見つけるのに苦労しませんでしたか？

B: いいえ。大きな木の前にあると伺っていたので、それを探すだけで済みました。

A: よかったです。ここまで来るのに苦労されるかもしれないと心配していましたので。

> **!Point**
> have problems ...ing で「…するのに苦労する」という意味の表現になる。problems の代わりに trouble を用いることもある。

A: ここまですんなり来られましたか？

B: ええ、何とか時間通りに到着しました。

A: よかったです！ この辺りの交通状態は、この時間帯になると本当にひどいですからね。

➡ ここでの OK は「順調に」という意味の副詞として使われている。直訳すると「順調にここに到着しましたか？」となる。

A: このオフィスを見つけるのは大変でしたか？

B: いいえ。とてもわかりやすく道順を教えていただきましたから。

A: それはよかったです。では会議室までご案内いたします。

➡ it は to find our office を指す仮主語。it is hard to ... で「…するのは難しい」という意味になる。

A: 道に迷ったのではありませんか？

B: ええ、実は。遅れてしまい本当にすみません。

A: どうぞご心配なく。よくあることですから。

➡ get lost は「(道に) 迷う」という意味。

9-5 何か飲み物はいかがですか？

❶ Could I get you something to drink?

A: Mr. Robinson will be here in a minute. **Could I get you something to drink**, Mr. Hughes**?**

B: Oh, that would be nice, thank you.

A: Would you like coffee or tea?

❷ Would you like something to drink?

A: Would you like something to drink, Mr. Hughes**?**
B: Ah, I would like some water if you have any.
A: Sure. No problem. I'll be back with it in just a second.

❸ Are you thirsty?

A: Are you thirsty, Mr. Hughes**?** We have water, tea, coffee, or orange juice.
B: Well, it was a long flight, and a cup of coffee sure would be great!

A: A cup of coffee it is then!

Business Tips

自分が他社を訪問する際にも，軽い飲み物などを勧められることがあるだろう。What would you like to drink?（何をお飲みになりたいですか？）などと聞かれたら，Water would be fine, thank you.（お水で結構です。），If it's not too much trouble, coffee

9. 訪問・来客

A: ロビンソンはすぐにまいりますので。**何か飲み物はいかがですか**，ヒューズさん**？**

B: ああ，それはありがたいですね。

A: コーヒーと紅茶のどちらがよろしいですか？

!Point
直訳すると「あなたに何か飲む物をお持ちしてもよろしいでしょうか？」という意味で，相手に飲み物を差し出したい時に用いる丁寧な表現。

A: **何かお飲み物はいかがですか**，ヒューズさん**？**
B: ええと，もしあればお水をいただきたいのですが。
A: かしこまりました。すぐにお持ちいたします。

➡ Would you like ～？と言えば，相手に「～は欲しいですか？」と尋ねることができる。

A: ヒューズさん，**のどは渇いていらっしゃいませんか？** お水，紅茶，コーヒー，オレンジジュースがございますが。
B: 長い間飛行機に乗っていたものですから，コーヒーを一杯いただけるとありがたいです！
A: ではコーヒーをお持ちします！

➡ thirsty は「のどが渇いた」という意味の形容詞。のどが渇いていないかを確認することで間接的に飲み物を勧める表現。

---

would be nice.（もしお手数でなければ，コーヒーをいただきたいのですが。）のように答えればよい。

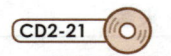

9-6 会議室までご案内します。

❶ Let me take you to the conference room.

A: Hi, I'm Bob Trader from Z Planning.

B: Hello, Mr. Trader. I'm Susan Gilbert, Mr. Parker's secretary. Now **let me take you to the conference room**.

A: Thank you, Ms. Gilbert.

❷ The conference room is this way.

A: Welcome to Z Planning! **The conference room is this way.**
B: Thank you.
A: Did you have any trouble finding us?

❸ We can proceed to the conference room now.

A: Welcome, Ms. Clark. If you'd like, **we can proceed to the conference room now**.
B: Sure, let's go.
A: Mr. Baker is waiting for you there.

❹ I'd be more than happy to show you to the conference room.

A: Hi. I'm here for a meeting with Mr. Harrison.
B: Ah, then, you must be Mr. Jacobs? **I'd be more than happy to show you to the conference room.**
A: Thank you. I appreciate your help.

9. 訪問・来客

A: こんにちは。Zプランニングのボブ・トレーダーですが。
B: こんにちは，トレーダーさん。私はパーカーの秘書のスーザン・ギルバートと申します。では，**会議室までご案内します。**
A: ありがとうございます，ギルバートさん。

> **!Point**
> "let ＋ me ＋動詞の原形" で「…させてください」という意味の表現になる。また，take 人 to ～ は「（人）を～に連れて行く」という意味。

A: Zプランニングへようこそ！ **会議室はこちらの方向です。**
B: ありがとうございます。
A: 弊社は難なく見つかりましたか？

➡ 相手を誘導する際に用いる表現。相手の先に立ち目的の場所まで案内する時に役立つ。

A: ようこそ，クラークさん。もしよろしければ，**すぐに会議室へご案内いたします。**
B: そうですね，行きましょう。
A: ベイカーがそちらであなたをお待ちしておりますので。

➡ proceed to ～ で「～に向かう」という意味になる。

A: こんにちは。ハリソンさんとの打ち合わせでこちらに伺ったのですが。
B: ああ，ではジェイコブスさんですね？ **会議室までご案内いたしましょう。**
A: ありがとうございます。助かります。

➡ be more than happy to ... で「喜んで…する」という意味になる。

9-7 本日はお越しくださりありがとうございました。

❶ Thank you again for visiting with us today.

A: It was a pleasure meeting you, Ms. Drew.

B: Thank you again for visiting with us today. We hope to see you all again very soon.

A: We sure hope so, too.

❷ We are so grateful that you could be here today.

A: We are so grateful that you could be here today.
B: Well, we were glad that we could fit this meeting in.
A: We got a lot accomplished!

❸ We appreciate your cooperation in meeting with us today.

A: This meeting was crucial to our negotiations. I think we've made great progress.
B: Absolutely! **We appreciate your cooperation in meeting with us today.**
A: It's my pleasure, really!

Business Tips

別れ際のあいさつとして，Thank you again for taking time out of your busy schedule to be with us today.（本日は，お忙しい中，私どもと会う時間をとってくださりありが

9. 訪問・来客

A: お会いできてよかったです，ドリューさん。

B: **本日はお越しくださりありがとうございました。** また近いうちにお会いできればと思います。

A: 私どももぜひそうできたらと思っています。

> **!Point**
> 別れ際など，一度お礼を言った内容に再度触れて感謝の意を述べる場合には，again を用いて「改めて」というニュアンスを出す。また I'd like to thank you again for ～ のように言葉を補って言うこともできる。

A: **本日はこちらにお越しくださり誠にありがとうございました。**

B: ええ，この会議を予定に組み込むことができてよかったです。

A: たくさんお話がまとまりましたね！

➡ be grateful that ... は「…をありがたく思う」という意味。

A: この会議は私たちの交渉にとっては極めて重要でしたね。ずいぶん話が進んだように思います。

B: その通りですね！ **今日お越しくださったことに感謝申し上げます。**

A: こちらこそ！

➡ appreciate は「ありがたく思う」という意味の動詞。cooperation in ～ は文字通りには「～における協力」という意味になる。

....

とうございました。）とわざわざ時間を作ってくれたことに対するお礼を述べるのもよいだろう。

9-8 気をつけてお帰りください。

❶ I hope you have a safe trip back home.

A: Well, we should get going, Mr. Taylor. B: Thank you again for visiting us today. **I hope you have a safe trip back home.** A: We will. I'll send you our brochure as soon as we get back to our office.	A：では，そろそろお暇いたします，テイラーさん。 B：今日はお越しくださりありがとうございました。**気をつけてお帰りください。** A：はい。オフィスに戻り次第，すぐにパンフレットをお送りいたしますね。

Point trip には，「旅行」の他に「(用事・仕事における) 移動」という意味もある。直訳すれば「お帰りの際，安全に移動されることを願っています。」となる。

❷ Drive carefully!

A: **Drive carefully!** B: We will. Next week we will meet at the same time, right? A: That's right. Give me a call if something comes up.	A：**安全運転でお帰りください！** B：ええ。来週もお会いするのは同じ時間ですよね？ A：そうです。何かありましたら私にお電話ください。

➡ carefully は「注意深く」という意味。車で帰る人に対するあいさつ。

❸ Enjoy your flight back to ～.

A: We appreciated your hospitality during our visit to your factory! B: You're welcome! Well, **enjoy your flight back to** Michigan. A: Hopefully I will! Thank you.	A：こちらの工場を訪問している間，温かくもてなしてくださったことに感謝いたします。 B：どういたしまして！では，**ミシガンに戻るまでの飛行機の旅をお楽しみください**ね。 A：そうですね！ありがとうございます。

➡ flight は「空の旅，飛行機による移動」の意味。飛行機で帰る人に対するあいさつ。

10. 会 議

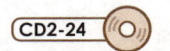

10-1 では会議を始めましょう。

❶ Let's start off the meeting now.

A: Let's start off the meeting now.

B: Oh, but Mr. Flanagan isn't here yet. Shouldn't we wait till he shows up?

A: He's just called me and said we can start without him.

❷ Let's begin this meeting.

A: Let's begin this meeting.
B: But we still have 5 minutes!
A: Yeah, but everyone is already here, so why not start now?

❸ Let's get this meeting started.

A: Is everybody here?
B: Kate has just arrived, so yes.
A: OK. Let's get this meeting started.

Business Tips

会議の開始時間になったら，私語をしている出席者に対して次のような表現で注意を促そう。I'm sorry to interrupt, but it's time to get started.（じゃまをして悪いのですが，も

10. 会議

A: では会議を始めましょう。

B: ああ，でもフラナガンさんがまだ来ていませんよ。来られるまで待つべきではないですか？

A: さっき電話があって，待たずに始めてかまわないとおっしゃっていました。

> **!Point**
> "Let's ＋動詞の原形"で「…しましょう」という表現になる。start off は「始める」という意味。

A: この会議を始めましょう。
B: でもまだ 5 分ありますよ！
A: ええ，でももう皆さん集まっていますし，今すぐ始めませんか？

➡ begin は「始める」という意味の動詞。

A: 皆さんおそろいですか？
B: ケイトが今到着しましたから，そろっています。
A: わかりました。では会議を始めましょう。

➡ get ～ started で「～を始める」という意味。

う始める時間です。) May I have your attention, please? We should get started. （皆さん，よろしいでしょうか？ もう始める時間です。）

10-2　議題一覧表はお手元にありますか？

❶ Does everybody have a copy of the agenda?

A: Does everybody have a copy of the agenda? **B:** I don't. I only have a copy of the annual schedule. **A:** Oh, sorry, Paul. Here's a copy of the agenda.	A：皆さん，議題一覧表はお手元にありますか？ B：ありません。年間計画表のコピーしかないです。 A：ああ，すみません，ポール。これが議題一覧表です。

!Point　a copy of ～ は「～のコピー，1部の～」という意味。元となる内容を複写して配る資料の場合は，この a copy of を使って表現する。

❷ Did everyone receive a copy of the agenda?

A: Did everyone receive a copy of the agenda? **B:** Oh, I left mine in my office. I'll go get it right now. **A:** That's OK. I have extra copies here.	A：皆さん，議題一覧表は受け取りましたか？ B：おっと，オフィスに置いてきてしまいました。すぐに取ってきます。 A：大丈夫ですよ。ここに予備がありますから。

➡ receive は「受け取る」という意味の動詞。

Business Tips

議題一覧表（agenda）は，出席者が会議の内容と目的をきちんと理解するために必要なもの。たとえ話し合う内容が1つであっても，必ず文書にして用意しておきたい。会議の途中で話の内容がずれてしまった場合には，I'm sorry, Mike, but it is not on the agenda. I'll make sure I'll put it on the agenda for the next meeting.（マイク，すみませんがそれは議題一覧表にはない内容です。次回会議では必ず議題に挙げるようにしますから。）のように言えば，軌道修正も容易にできるだろう。

10. 会議

10-3 〜について議論しましょう。

❶ We are going to discuss 〜．

A: Today **we are going to discuss** our new project with ABC Company.
B: OK. Let me give you a brief explanation of the project first.
A: Yes, please. Here's your microphone, Kevin.

A：今日はABC商事との新しいプロジェクト**について議論しましょう**。
B：では，このプロジェクトについてまず私から簡単にご説明させてください。
A：お願いします。ケビン，マイクをどうぞ。

Point be going to ... は「…する予定」という意味。discuss は「議論する」という意味の動詞で，前置詞を用いず直後に話し合う内容をおく。

❷ Let's talk about 〜．

A: **Let's talk about** our new project with ABC Company.
B: I'm not really sure what this new project is all about.
A: Didn't you read the summary?

A：ABC商事との新しいプロジェクト**について話し合いましょう**。
B：この新しいプロジェクトがどういうものか，よくわからないんですが。
A：概要を読んでいないのですか？

➡ talk about 〜 は「〜について話す」という意味。

❸ Today's topic is 〜．

A: **Today's topic is** the new project with ABC Company.
B: It could be quite controversial.
A: Yes, so any comments and suggestions from you are welcome.

A：**今日の議題は**ABC商事との新たなプロジェクト**です**。
B：議論になりそうですね。
A：ええ。皆さんからのご意見ご提案を歓迎します。

➡ topic は「話題」という意味の名詞。

10-4 次の議題に移りましょう。

❶ Let's move on to the next item on the agenda.

A: **Let's move on to the next item on the agenda.** B: Oh, before we do, may I just say one thing about our production team? A: Of course.	A：次の議題に移りましょう。 B：ああ、その前に、製作チームについて1点つけ加えてもいいですか？ A：もちろんです。

!Point move on to ～ は「～に移る」という意味。item は「項目」という意味なので、直訳すれば「議題一覧表に載っている次の項目に移りましょう」ということ。

❷ Let's proceed to the next item on the agenda.

A: Anything else to add? B: I believe that covers the item. A: All right. **Let's proceed to the next item on the agenda**, then.	A：何かつけ加えることは？ B：これでこの項目は十分だと思います。 A：わかりました。では、議題一覧表の次の項目に進みましょう。

➡ proceed to ～ は「～へ進む」という意味。

❸ Are we ready to go on to the next item?

A: **Are we ready to go on to the next item?** B: But I'm not sure what we decided on this item. A: Well, we can't make any decisions until we get the new estimates next Monday.	A：次の議題に進んでもよろしいでしょうか？ B：でもこの項目について何が決まったのかよくわからないのですが。 A：来週月曜日に新たな見積もりが来るまで、どういった決定も下せないのです。

➡ go on to ～ で「～に進む」という意味。会議の場であれば、item の後に on the agenda をつけ加えなくても OK。

10-5　意見のある方は挙手をお願いします。

❶ Please raise your hand if you have any comments.

A: Please raise your hand if you have any comments. **B:** Can I say a word? **A:** Definitely, David. Let us hear your comment.	**A：** 意見のある方は挙手をお願いします。 **B：** ひとことよろしいですか？ **A：** もちろんですよ、デイビッド。意見を聞かせてください。

!Point raise one's hand は「手を挙げる」という意味。if を用いて「もしも意見があるならば…」と伝える表現になっている。

❷ Please raise your hand if there's something you'd like to say.

A: Please raise your hand if there's something you'd like to say. **B:** I hesitate to say this, but... **A:** Go ahead. We'd love to hear your assessment of the situation.	**A：** もし言いたいことがあれば挙手してください。 **B：** これは言いにくいのですが…。 **A：** どうぞおっしゃって。この状況をあなたがどう評価しているか聞きたいですから。

➡ you'd like to say の部分が something の説明になっている。

❸ Please raise your hand if you'd like to voice an opinion.

A: Please raise your hand if you'd like to voice an opinion. **B:** I believe this isn't the right time to venture out into this new area. **A:** Well, if we don't do it now, we may never have this kind of opportunity again.	**A：** ご意見があるようでしたら挙手してください。 **B：** 今はこのような新しい分野に乗り出す時期ではないと思います。 **A：** でも、もし今やらなければもう二度とこのような機会には恵まれないかもしれませんよ。

➡ この文章における voice は「表明する」という意味の動詞。

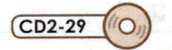

10-6　あなたはどう思いますか？

❶ What do you think?

A: Bob, do you think further market research is necessary?

B: I'm not sure. **What do you think?**

A: Well, I think it could help us figure out what we should do next.

❷ What's your opinion?

A: **What's your opinion** on this matter, Susan?
B: Well, it is one option, but not the best option.
A: What's the best option then?

❸ What do you suggest we do?

A: Production has really been down lately.
B: **What do you suggest we do?**
A: Well, we really need to replace some of these old machines.

Business Tips

有意義な会議にするためには，さまざまな意見を幅広く聞くことが必要。意見の少ない出席者には，So, Meg, how do you feel about what Len has just said?（では，メグ，今レンが言ったことについてどう思いますか？）のように，感想を聞くタイプの質問をし

10. 会議

A：ボブ，もっと市場調査をすることが必要だと思いますか？
B：よくわかりません。**あなたはどう思いますか？**
A：そうですね。次に何をすべきかを理解する助けにはなると思います。

> **!Point**
> 人に考えを聞かせてほしい時に用いる表現。具体的に「〜についてどう思う？」と聞きたい場合は，What do you think about 〜？と about を用いる。

A：この件に関する**あなたの意見はいかがですか**，スーザン**？**
B：一選択肢ではあるのでしょうが，最善策ではありませんね。
A：では最善の選択肢は何でしょうか？

➡ opinion は「意見」という意味。「〜に関するあなたの意見は？」と聞きたいなら，What's your opinion on 〜？と言えばよい。

A：最近生産量が本当に落ちていますね。
B：**私たちはどうすればいいと思いますか？**
A：そうですね，古くなった機械を何台か取り替える必要があるでしょうね。

➡ suggest は「提案する，勧める」という意味の動詞。

てみるとよい。Can we hear your opinion, John?（君の意見を聞かせてくれないかな，ジョン？）のようにズバリ個人の意見を尋ねられるよりも，いくぶん発言しやすくなるだろう。

10-7　何かつけ加えることはありますか？

❶ Would you like to add anything?

A: Would you like to add anything, Sam**?** B: Oh, yes. We have to complete the project by the end of July. A: That is very important information. Thank you.	A：サム，**何かつけ加えることはありますか？** B：ああ，はい。プロジェクトは7月末までに完了させなくてはなりません。 A：それはとても重要な情報ですね。ありがとう。

!Point　Would you like to ...? で「…したいですか？」という意味になる。add は「加える」という意味の動詞。

❷ Is there anything you'd also like to say?

A: Is there anything you'd also like to say, Tim**?** B: No, not really. I totally agree with what Kate has just said. A: OK. Then, it looks like we are all in agreement.	A：ティム，**あなたからも言いたいことはありますか？** B：いいえ，特には。今のケイトの発言に完全に同意します。 A：わかりました。であれば，全員賛成のようですね。

➡ Is there 〜? で「〜はありますか？」という意味になる。この文章では，you'd also like to say の部分が something を補足的に説明している。

❸ Does anybody have anything to add?

A: Well, we're running out of time. **Does anybody have anything to add?** B: Yes, I actually want to point out one problem before we start this new project. A: OK. Go ahead, Andy.	A：さて，時間がなくなりそうですが，**つけ加えたいことがある方はいますか？** B：はい，この新プロジェクトに着手する前に，問題点を1つ指摘しておきたいのですが。 A：では，アンディ，どうぞ。

➡ 直訳すれば「誰か，つけ加えるべきことをもっていますか？」となる。

10-8 彼と同意見です。

❶ I agree with him.

A: How do you feel about the comment he's just made, Lucy? B: Well, it was to the point and **I agree with him**. A: Thank you, Lucy. How about you, Derek?	A：今の彼のコメントをどう思いますか，ルーシー？ B：的を射ていますし，**私も彼と同意見です**。 A：ありがとう，ルーシー。デレク，君はどうですか？

Point agree with ～ で「～に同意する」という意味。with の後には人や意見などが置かれる。Ex. I agree with what you say.（あなたのおっしゃることに賛成です。）

❷ I am of the same opinion as Mr. Watson.

A: So what do you think, Tina? B: Well, **I am of the same opinion as Mr. Watson**. A: Why do you support his idea?	A：では，ティナ，君はどう思う？ B：ええと，**僕はワトソンさんと同じ意見です**。 A：なぜ彼のアイディアに賛成するのですか？

➡ be of the same opinion as 人 で「（人）と同じ意見」という意味。

❸ I am of the same mind as Mr. Roberts.

A: **I am of the same mind as Mr. Roberts**. B: Why are you for his idea? A: Well, it's cost-effective and tried-and-true!	A：**ロバーツさんと同じ意見です**。 B：なぜ彼の考えを支持するのですか？ A：費用効率が高いですし，実証済みのアイディアだからです！

➡ of the same mind で「同じ考え」という意味。

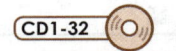

10-9　すみませんが同意しかねます。

❶ I'm sorry, but I can't agree with you.

A: As I said, this plan will be another cause of failure.

B: **I'm sorry, but I can't agree with you** on that. I think it's worth giving it a try.

A: But we can't afford to make any more major blunders.

❷ I beg to differ!

A: Production is down and it's obvious our engineering team is not up to the job.
B: **I beg to differ!** They've done their best with old equipment.

A: But it's not good enough.

❸ I'm sorry, but I totally disagree with that last remark.

A: We are going to have to do a better job marketing our new product!
B: **I'm sorry, but I totally disagree with that last remark.** It's the product that is flawed!
A: What do you think is the problem with the product, then?

Business Tips

同意しがたい意見を述べる人がいても，話を途中でさえぎったり声を荒げて反論したりしないのがエチケットだ。最後まで相手の意見に耳を傾け，That position is totally understandable, but it might be better if we considered other options as well.（そのような見方も十分に理解できますが，他の選択肢も考慮したほうがよいかもしれませ

10. 会議

A：私が言ったように，このプランだとまた失敗する原因になりますよ。
B：**すみませんが**その点については**同意しかねます**。やってみる価値はあると思います。
A：けれど，もう大きな失敗は絶対にできない状況にあるのですよ。

!Point
「申し訳ないけれども」と断ってから相手とは異なる意見を述べる際には，I'm sorry, but ... という表現を用いればよい。

A：生産量が落ち込んでいるし，技術チームがきちんと仕事をできていないのは明らかです。
B：**すみませんが同意できません！** 彼らは古い設備で最善を尽くしてきました。
A：でも，それでは十分でないのです。

➡ beg to ... は「…することを願う」，differ は「意見を異にする」という意味。ひとまとまりで，「失礼ではありますが同意できません。」という意味の慣用表現になっている。

A：新製品の売り込みをもっとうまくやらないと。
B：**すみませんが今の発言にはまったく賛成できません**。問題があるのは商品のほうです！
A：では，商品のどこが問題だと思っているのですか？

➡ disagree with ～ は「～に反対する，異を唱える」という意味で，can't agree よりも強い印象を与える表現。

ん。）のように発言できればすばらしい。また，相手の意見にも一理あるけれどもそれがいつも最善策だとは限らないという状況では，Well, it depends.（状況次第ですよね。）という表現も役に立つ。

10-10　そのアイディアについての問題点を挙げます。

❶ Let me point out problems with the idea.

A: I'd like to know what makes you believe our idea isn't patentable. B: OK, **let me point out problems with the idea**. A: Sure. Go ahead.	A：我々のアイディアが特許を取れないとあなたが思う根拠を知りたいのですが。 B：では，**そのアイディアの問題点を挙げましょう**。 A：ええ。どうぞ。

!Point　"Let + me +動詞の原形"で「(自分に)…させてください」と許可を請う表現になる。point out は「指摘する」という意味。

❷ I'd like to bring the problems with the idea to your attention.

A: **I'd like to bring the problems with the idea to your attention.** B: OK. Go ahead. A: First off, it can't be engineered this way. This part would just fall apart.	A：**このアイディアに関する問題点を挙げたいと思います**。 B：ええ，どうぞ。 A：まず第一に，それはこの方法では設計できないのです。この部分が崩れてしまいます。

➡ bring 物事 to one's attention は「(人)を～に注目させる」が文字通りの意味で，「～を(人，特に権限のある人)に述べる」という意味で用いられている。

❸ Let's discuss the cons of the idea.

A: Now **let's discuss the cons of the idea**. B: I'll start. It sounds really expensive. A: I agree, and it also seems rather uninspired.	A：では，**このアイディアに対する反対論について議論しましょう**。 B：私から始めさせていただきます。その案だととても費用がかかりそうです。 A：私も同感です。それに，ややありきたりですね。

➡ con は「反対論」という意味で，the pros and cons (賛否両論) という形で用いられることが多い。

10-11 …してみてはいかがでしょうか？

❶ How about …ing?

A: What do you think we should do now, Miranda? B: Well, **how about contacting** those companies in the USA**?** A: We've tried that before but we didn't get one positive response.	A：今私たちはどうすべきだと思いますか，ミランダ？ B：ええと，アメリカにあるそれらの会社に連絡**してみてはいかがでしょうか？** A：以前にも試したことはありますが，よい返事はまったく返ってきませんでした。

! Point How about …ing? は「…してみてはどうでしょうか？」という提案表現。

❷ What about …ing?

A: We really need to expand sales in the North American market. B: **What about advertising** on TV**?** A: Good idea, but that costs too much money.	A：北米市場でどうにか売上を伸ばさなくては。 B：テレビで宣伝**してみてはどうですか？** A：いい考えですね，ただ，それだと経費がかかりすぎます。

➡ What about …ing? も同様に「…するのはどうですか？」と提案する時の表現。

❸ Why not …?

A: We must expand our product line. B: **Why not** conduct market research to learn the market needs**?** A: That's one option. Any other ideas?	A：取扱品目を増やす必要がありますね。 B：市場のニーズを知るために市場調査を**してみてはどうでしょうか？** A：それも１つの選択肢ですね。他に何かアイディアは？

➡ "Why not ＋動詞の原形？" は文字通りには「どうして…しないのですか？」という意味だが，「…してみたらよいのではないですか？」という提案表現にもなる。

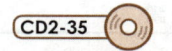

10-12　…すべきだと思います。

❶ I think we should …

A: Maybe we can ask Mr. Sato to look into this.

B: I think we should ask Dr. Jones instead. She's an expert in this field.

A: I know, but she's currently in Germany.

❷ I think it's better to …

A: Shouldn't we investigate first why the products were damaged during the shipping process?
B: I don't quite agree. **I think it's better to** give him a full refund straight away.
A: But we are not responsible for the damage, are we?

❸ I think the best thing we can do is to …

A: Would you like to share your opinion with us, Dylan?
B: Well, **I think the best thing we can do is to** wait till the economy is better.
A: I see, but our competitors are ready to take risks.

10. 会議

A: この件については佐藤さんに調査をお願いできるかもしれませんね。
B: 佐藤さんではなくジョーンズ博士にお願い**すべきだと思います**。この分野の専門家ですから。
A: そうなのですが，先生は今ドイツにいるのです。

> **!Point**
> we should …（…すべきです）は，自分の意見や主張を述べる際に役立つ表現。「…したほうがよい」と訳すことの多い had better は，should よりも語調の強い表現なので，使う際には注意が必要。

A: まず，輸送過程で商品が損傷を受けた原因を調査すべきではないですか？
B: 私はそうは思いません。すぐに彼に全額を返金**したほうがよいと思います**。
A: でも，損傷の責任は我々にはないのですよ？

➡ it's better to … は「…したほうがよい」という意味。

A: 私たちに意見を聞かせてくれませんか，ディラン？
B: そうですね，経済が上向きになるまで待つの**が最善策だと思います**。
A: なるほど。でも，我々の競合相手たちはリスクを負う覚悟をしていますよ。

➡ 「…するのが最善だ」と言うことで，「…すべきである」と間接的に伝えている表現。

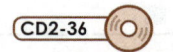

10-13 〜を説明していただけませんか？

❶ Could you explain 〜?

A: Do you have any questions?

B: I do. **Could you explain** the advantages of this plan**?**

A: Yes. First of all, it is extremely cost-effective. Please look at this chart here.

❷ Would you mind telling me about 〜?

A: Any questions so far?
B: Well, **would you mind telling me about** the merits of the plan**?**
A: No problem. Please open the handouts to page 5.

❸ Could you go over 〜?

A: Could you go over the benefits of the plan**?**
B: I'd like to, but I don't think we have enough time for that now.
A: Oh, that's right. Maybe we can discuss them at the next meeting.

10. 会 議

A：ご質問はありませんか？

B：あります。この計画のメリット**を説明していただけませんか？**

A：わかりました。まず，非常に費用効率が高いことが挙げられます。こちらのチャートをご覧ください。

> **!Point**
> Could you ...? は丁寧な依頼表現。「〜を説明する」と言う場合，直後に前置詞を置かず explain 〜 とするのが一般的。

A：これまでのところで何か質問はありますか？
B：ええと，この計画のメリット**をご説明いただけませんか？**
A：かまいませんよ。資料の5ページを開いてください。

➡ Would you mind ...ing? は「…するのは嫌ですか？」が文字通りの意味の，丁寧な依頼表現。tell 人 about 〜 で「(人)に〜を伝える」という意味になる。

A：この計画にはどのような利点があるのか，**もう一度お話しいただけますか？**
B：そうしたいところですが，今は時間がないように思います。
A：ああ，そうですね。次回の会議で話し合えるかもしれませんね。

➡ go over 〜 は「(説明など)を繰り返す」という意味。

10-14 手短にお願いできますか？

❶ Can you be brief, please?

A: I'd like to tell you just one more time how important it is for us to maintain a good business relationship with them...

B: Sorry to interrupt, but **can you be brief, please?** We are running out of time.

A: OK, I will.

❷ Can you keep this short, please?

A: Can you keep this short, please?
B: Sorry! I do have a tendency to ramble!
A: That's OK, but we do have a lot to accomplish in this meeting.

❸ Could you get to the point?

A: Could you get to the point?
B: Yes. The bottom line is that production is down, and we need new equipment.
A: You've said this before, but we have always been able to manage somehow.

Business Tips

会議の進行役（facilitator）を担うのであれば，時間や議事内容のコントロールもしなくてはならない。発言者の話が長い場合や話が脱線した場合には，Sorry to interrupt, but ...

10. 会 議

A：彼らとよい関係を維持することが我々にとってどんなに重要かをもう一度お伝えしたいと…。
B：お話のじゃまをして申し訳ないのですが，**手短にお願いできますか？** 時間がなくなりそうなので。
A：わかりました，手短にします。

> **!Point**
> Can you ...? は「…してくれますか？」と頼む時の言い方。brief は「簡潔な，手短な」という意味の形容詞。

A：**手短にお願いできますか？**
B：すみません！ 話が長くなる傾向があるもので。
A：いいんですよ。ただ，この会議で成し遂げるべき事項が多いですからね。

➡ keep ～ short で「～を短い状態にしておく」という意味になる。

A：**単刀直入にお願いできますか？**
B：はい。要は，生産量が落ちていて，私たちには新しい機材が必要だということです。
A：前にもそうおっしゃっていましたが，これまでずっとどうにかなってきたでしょう。

➡ get to the point は「核心をつく」という意味。したがって，「要点を述べてもらえませんか？」が文字通りの意味になる。

（話のじゃまをして悪いのですが…）や That's a very interesting opinion, but ... （非常におもしろい意見ですが…）などの表現を使って的確な対応をとろう。

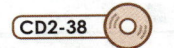

10-15 それはどういう意味ですか？

❶ What do you mean by that?

A: I guess we should give it more consideration.

B: What do you mean by that?

A: Well, we shouldn't sign the contract yet.

❷ Could you explain what the graph implies?

A: Could you explain what the graph implies?
B: It implies that our financial situation is quite bad.
A: But it doesn't look any different from the graph from last year.

❸ Will you get to the point?

A: This looks pretty serious.
B: Serious? **Will you get to the point?** I'm a bit confused.
A: OK. If this data is correct, our project will fail in no time at all.

Business Tips

意味が不明瞭だと感じる場面に遭遇したら，Excuse me. What exactly do you mean when you say these matters need further consideration?（すみません。これらの件についてはもっと考慮が必要とのことですが，正確には何をおっしゃりたいのでしょうか？）のように，ズバリ聞いてもかまわない。もしくは，Can you explain that again?

10. 会 議

A：もうちょっと考慮したほうがよさそうですね。

B：**それはどういう意味ですか？**

A：まだ契約書にはサインするべきでないということですよ。

> **!Point**
> 相手の発言の意図がはっきりとわからない場合に「それはどういう意味で言っているのですか？」と尋ねる表現。

A：**このグラフの意味するところを説明していただけますか？**
B：我々の経済状況はかなり悪いということです。
A：ですが、去年のグラフと何ら変わりないように見えるのですが。

➡ Could you で始まる丁寧な依頼表現。imply は「暗示する、ほのめかす」の意味。

A：これはかなり深刻そうですね。
B：深刻？ **つまりどういうことだい？** ちょっと混乱しているよ。
A：はい、もしこのデータが正しいのなら、私たちのプロジェクトはすぐにだめになってしまうということです。

➡ get to the point は「核心をつく」という意味。「つまり何が言いたいのですか？」と要点を尋ねる表現。Will you kindly get to the point? と言えばより丁寧な言い方になる。

（もう一度それを説明してもらえませんか？）などと頼むのもよいだろう。自分の意見を求められても困らないよう、「わからないことがあれば質問する」という姿勢で会議に出席しよう。

10-16　すみません，聞き取れなかったのですが。

❶ Sorry, but I didn't catch what you just said.

A: We shouldn't be afraid of taking risks. Joint ventures involve sharing risks and rewards at the same time. **B: Sorry, but I didn't catch what you just said.** **A:** I said we shouldn't be afraid of taking risks.	**A：** リスクを負うことを恐れるべきではないと思います。合弁事業ではリスクも報酬も共有するものなのですから。 **B：すみません，聞き取れなかったのですが。** **A：** リスクを負うことを恐れるべきではないと言ったのです。

!Point　catch は「聞き取る」という意味で使うこともできる動詞。what you just said は「あなたが今言ったこと」と解釈する。

❷ I'm sorry, but I didn't get what you just said.

A: I'm sorry, but I didn't get what you just said. Could you repeat it? **B:** Was I speaking too fast? **A:** No, but I am not used to your accent.	**A：すみませんが，今おっしゃったことがわかりませんでした。** もう一度お願いできますか？ **B：** 話すのが早すぎましたか？ **A：** いいえ，あなたのアクセントに慣れていないんです。

➡ get という動詞には，相手の言うことが「わかる」という意味がある。

❸ Excuse me, but I couldn't hear what you just said.

A: Excuse me, but I couldn't hear what you just said. Could you speak a bit louder? **B:** Sure. How's this? **A:** Great! Thanks a lot.	**A：すみませんが，今おっしゃったことが聞こえませんでした。** もうちょっと大きな声で話していただけますか？ **B：** もちろん。これでどうですか？ **A：** 大丈夫です！ どうもありがとうございます。

➡ 「すみませんが」と断りを入れる表現としては，Excuse me も使える。

10-17　今日はここまでにしましょう。

❶ That's all for today.

A: Well, **that's all for today**. Thank you all for attending. B: We haven't discussed the last item on the agenda yet. A: You're right, but we've run out of time. We'll discuss it at the next meeting.	A：では**今日はここまでにしましょう**。ご出席ありがとうございました。 B：まだ協議事項の最終項目について議論していませんよ。 A：そうなのですが，もう時間がありません。それについては次回の会議で話し合いましょう。

Point That's all for today. は，「今日はここまで。」と言って取りかかっていたものを切り上げる際に用いる表現。会議以外の場面でも使える。

❷ That's it for today.

A: **That's it for today**, I guess. I believe we've covered everything on the agenda. B: When's the next meeting scheduled? A: For 11:00 a.m. on Thursday, July 23.	A：**今日のところはここまでですね**。議題はすべて取り上げたと思いますので。 B：次回の会議はいつですか？ A：7月23日木曜日の午前11時です。

➡ That's it. は「終わりです。」という意味。for today は「今日のところは」という意味になる。

❸ Let's call it quits for today.

A: Why don't we postpone the discussion of the last item until tomorrow? B: I second that! A: OK, everybody, **let's call it quits for today**!	A：最後の議題の議論は明日まで延期にしませんか？ B：賛成！ A：では皆さん，**今日のところはこれで切り上げることにしましょう**！

➡ call it quits は「切り上げる」という意味で用いられる表現。call it a day という表現も同じように使える。

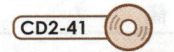

10-18 次の会議は来週の木曜日です。

❶ The next meeting will be held next Thursday.

A: The next meeting will be held next Thursday.

B: Next Thursday? Most of us will be attending an international conference in Paris next Thursday.

A: Oh, really? Can you check your schedule and give me a call later?

❷ Our next meeting is scheduled for next Thursday.

A: Our next meeting is scheduled for next Thursday.
B: I know, but I won't be able to make it.
A: Oh, then, maybe we should reschedule it.

❸ We've planned our next meeting for next Thursday.

A: We've planned our next meeting for next Thursday.
B: I look forward to hearing the results of your recent market research.
A: Hopefully we will have the report finished by then and I can give you a copy.

Business Tips

次回の会議の予定を会議中に参加者全体で決定することも少なくない。その場合には，What about next Friday?（来週の金曜日はどうですか？）のように，具体的な日付を示して皆の予定を確認しよう。自分にとって都合がよければ Sounds good.（いいですね。）などと言って了承すればよい。都合が悪い場合には，次のように都合の悪い理由，自分の

10. 会 議

A : 次の会議は来週の木曜日です。

B : 来週の木曜日ですか？ 私たちのほとんどが来週の木曜日にはパリで国際会議に出席しているのですが。

A : え，本当ですか？ 後でスケジュールを確認してから私に電話してもらえますか？

> **!Point**
> hold は「(パーティーや会議)を開く」という意味で用いることのできる動詞。開かれる対象である「会議」が主語なので，be held という受動態になっている。

A : 次回の会議は来週の木曜日に予定されています。
B : ええ，ですが私は出席できそうにありません。
A : おっと，では日程を変更したほうがよいかもしれませんね。

➡ be scheduled for ～ で「(時期)に予定されている」という意味になる。

A : 次回の会議は来週の木曜日に計画しています。
B : あなた方が最近行った市場調査の結果報告を楽しみにしていますよ。
A : それまでには報告書を仕上げて，コピーを差し上げることができたらよいのですが。

➡ plan は「～を計画する」という意味の動詞としても用いることができる。

・・

予定などを簡単に述べよう。I'll be visiting my client in Florida next Friday. I'll be back on June 25.（来週の金曜日はフロリダのクライアントを訪問しなくてはなりません。6月25日には戻ってきます。）

10-19　会議にご出席くださいましてありがとうございました。

❶ Thank you for attending the meeting.

A: Well, I think it's time to call it a day. **Thank you for attending the meeting.** **B:** When's the next meeting? **A:** I'll be in touch about the date by Monday.	**A：**さて，そろそろ終了の時間ですね。**会議にご出席くださいましてありがとうございました。** **B：**次回の会議はいつですか？ **A：**日程については月曜日までに連絡します。

!Point thank you for ...ing で「…してくれてありがとう」という意味になる。

❷ We appreciate your attendance at this meeting.

A: We appreciate your attendance at this meeting. **B:** I'm glad I was able to make it. **A:** We hope you can come to the next meeting also.	**A：この会議にご出席くださりありがとうございました。** **B：**出席できてよかったです。 **A：**次回の会議にもおいでいただけるとよいのですが。

➡ appreciate ～ で「～に感謝する」という意味になる。attendance は「出席」という意味の名詞。

❸ I'm glad you were able to take part in our meeting today.

A: I'm glad you were able to take part in our meeting today. Our next meeting is on May 10. **B:** The pleasure is mine. We'll see you then. **A:** Have a good flight back to Michigan.	**A：今日の会議にご出席いただくことができてよかったです。**次回の会議は5月10日です。 **B：**こちらこそ出席できてよかったですよ。次回の会議でお会いしましょう。 **A：**ミシガンまでの飛行機の旅がよいものになりますように。

➡ 参加してもらえたことへの喜びを伝えることで，感謝の意を示している表現。

11. 商談

CD2-43

11-1　お話を始めましょうか？

❶ May I suggest that we begin?

A: Well, **may I suggest that we begin?** B: OK. Can I quickly give you handouts before we start our discussion? A: Sure.	A：では、**お話を始めましょうか？** B：そうですね。話し合いを始める前にさっと資料を配ってもよろしいでしょうか？ A：もちろんですとも。

!Point May I suggest ...? は「…することを提案してもよいですか？」が文字通りの意味で、丁寧な提案表現。

❷ Shall we get started?

A: Mr. Porter, thank you for agreeing to meet with us today. B: Thank you. I'm glad to be here today, too. A: Well, **shall we get started?**	A：ポーターさん、本日は我々との面会に応じてくださりありがとうございました。 B：ありがとうございます。こちらこそ、今日はここに来られて光栄です。 A：では、**始めましょうか？**

➡ Shall we ...? で「…しませんか？」という提案表現になる。get started は「始める」という意味。

❸ Let's get down to business then, shall we?

A: Right. I guess we are all ready. B: Yes. **Let's get down to business then, shall we?** A: Sure. Shall we start by looking at the data here?	A：さて。全員準備はできているようですね。 B：ええ。では、**本題に入りましょうか？** A：そうですね。ここにあるデータを見ることから始めましょうか？

➡ get down to ～ で「（仕事など）に真剣に取りかかる」という意味になる。

11. 商 談

11-2　サムが当サービスについてご説明いたします。

❶ Sam will tell you about the services.

A: So, what services are available?	**A：** それで，どのようなサービスを利用できるのですか？
B: Sam will tell you about the services in detail now.	**B：** 今から，サムが当サービスについて細かくご説明いたします。
A: Great. Please give me an idea of what each one costs as you do.	**A：** ありがたいです。それぞれの金額についての説明もお願いします。

Point tell 人 about ～ で「(人) に～について話す」という意味になる。

❷ Sam will explain them to you.

A: Mr. Jones, here's our new product. Please take a look at it.	**A：** ジョーンズさん，こちらが弊社の新製品です。どうぞご覧ください。
B: Oh, it looks great. What new features does it have?	**B：** ああ，これはすばらしいですね。どのような新しい特徴があるのですか？
A: Sam will explain them to you. Sam?	**A：** そちらについてはサムがご説明いたします。サム？

➡ explain は「説明する」という意味。この文における them は，new features を指している。

❸ Sam will take over and give you a full description of the service.

A: We're sure this service will meet your needs.	**A：** このサービスでしたら，お客様のニーズにぴったりでしょう。
B: What service?	**B：** どのようなサービスですか？
A: Sam will take over and give you a full description of the service.	**A：** 代わってサムがサービスの詳細をご説明いたします。

➡ take over は「引き継ぐ」，description は「(性質などの) 説明」という意味。

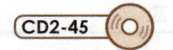

11-3 こちらが弊社の新製品です。

❶ This is our new product.

A: May I take a closer look at those?

B: Of course, Mr. Edwards. **This is our new product** and this one right here is last year's model, which still sells quite well.

A: I see. They look very nice indeed.

❷ Let me introduce our most recent product.

A: Let me introduce our most recent product, the GR-5.
B: Is that the latest model you told me about in your e-mail?
A: Yes. It looks similar to one of the old models from last year but this model has some cutting-edge features.

❸ I'd like to present our new product line.

A: I'd like to present our new product line for next summer.
B: Have these been test-marketed yet?
A: Well, they are currently being tested in Europe, but we plan to start testing here this July.

Business Tips

手に持てるサイズの商品を紹介するのであれば，Please take a close look at this product.（よくこの商品をご覧ください。）と言って相手に手渡してもよい。また，次のような表現を参考に，商品を見せながら魅力や質の高さなどへのコメントも加えるとよい

11. 商 談

A：もっとよく見せていただいでもいいですか？

B：もちろんです，エドワーズさん。**こちらが弊社の新製品で**，ここにあるのは，今もよく売れている，昨年のモデルです。

A：なるほど。両方とも非常によいですね。

> **!Point**
> This is ～. という基本表現を用いたシンプルな言い方。見せたいものが1つの場合には this is ～，複数ある場合には these are ～ となる。

A：**弊社の最新製品，GR-5 をご紹介させてください**。

B：それが E メールでおっしゃっていた最新モデルですか？

A：ええ。去年の古いモデルの1つに似ていますが，これには最先端の特徴があるのです。

➡ "let ＋人＋動詞の原形" で「(人) に…させる」という "許可" の表現になる。recent は「最近の」という意味の形容詞で，最上級 most をつけることで「最新の」という意味合いになっている。

A：来夏の**新製品をご紹介したいと思います**。

B：これらはまだ試験販売されていないのですか？

A：現在ヨーロッパで試験販売中なのですが，この7月にはここでも開始する予定です。

➡ I'd like to ... で「…したい」という "願望" を表す。この会話における present は「紹介する，発表する」という意味の動詞。

....

だろう。You will see that it is made of quality materials.（質の高い材料でできていることがおわかりいただけると思います。） It is a vast improvement over our previous model.（これは当社の前のモデルを大幅に改良した製品です。）

11-4 それは興味深いですね。

❶ That sounds interesting.

A: According to our latest market research results, this type of product is popular solely in Asia right now. **B: That sounds interesting.** It does seem good enough to win a large number of customers in other parts of the world as well. **A:** Yes. And with your cooperation, we are sure we can expand our business in other areas, too.	**A:** 弊社の最新の市場調査結果によりますと，今このタイプの商品が人気を博しているのは，アジアだけなのです。 **B: それは興味深いですね。** 世界の他の地域でも多くの顧客を獲得するのに十分優れた商品のように見えるのですが。 **A:** ええ。御社のご協力があれば，他の地域でもビジネスを拡大できると確信しています。

!Point that は前出の発言内容のこと。That sounds 〜 . で「〜のようだ。」という意味になる。

❷ Interesting!

A: Research shows that couples tend to make these kinds of decisions together. **B: Interesting!** **A:** Yes. So, I'm sure they'll like this product.	**A:** 調査によると，カップルはこういう決断を一緒に下す傾向があるようです。 **B: おもしろいですね！** **A:** ええ。ですから，この商品は彼らに気に入ってもらえるものと確信しています。

➡ Interesting! の 1 語だけでも，「興味深い」という反応を示すことができる。

Business Tips

相手の説明や意見に自分の意見を返しながら交渉を進めていくと，相手にも自分の立場が理解しやすくなる。I see your point.（おっしゃりたいことはわかります。），That sounds really good.（それは本当にいいですね。），I don't think that's acceptable.（それは受け入れられませんね。）など，さまざまなバリエーションで相手の話に反応したい。

11-5 つまり…なのですか?

❶ You mean ...?

A: It is $5,000, but we can reduce the price by 10% if you buy 20 at a time.	A：こちらは5,000ドルですが，一度に20個ご購入くだされば，価格を10%引きにいたします。
B: **You mean** they are cheaper if I buy them in bulk**?**	B：**つまり，**まとめて購入すればより安くなる**ということでしょうか？**
A: Yes, exactly.	A：はい，その通りです。

!Point You mean ...? は，相手の発言を言い換え，内容を確認する時に使う表現。この文における mean は「意味する」という意味の動詞。

❷ Are you saying that ...?

A: It is $6,500 altogether. This includes the cost of after-care service.	A：総額は6,500ドルです。こちらにはアフターケアサービスの費用も含まれています。
B: **Are you saying that** you'll always repair the machine for free**?**	B：**つまり，**いつでも無料で機械の修理をしてくれる**ということですか？**
A: Yes, for at least 5 years after the purchase date.	A：ええ，少なくともご購入日から5年間は。

➡ 直訳だと「あなたは…と言っているのですか？」ということ。

❸ Does that mean ...?

A: We'll take care of the shipping charges.	A：送料はこちらで負担いたします。
B: **Does that mean** we are only expected to pay for the machine**?**	B：**つまり，**私どもは機械の代金を支払うだけでよい**のですか？**
A: That's right.	A：その通りです。

➡ that は，内容を確認したい発言（ここでは We'll take care of ... の部分）を指している。

11-6 もう少しお安くなりませんか？

❶ Could you please lower the price?

A: Could you please lower the price?

B: I'm sorry, Ms. Palmer, but the price is not negotiable. We are already offering you the lowest price.

A: It's still more than we can afford to pay.

❷ Is it possible to get a discount?

A: Is it possible to get a discount?
B: Yes, if you are willing to sign a 5-year contract.
A: Tell me more about the terms of that contract.

❸ Would you be willing to reduce the price?

A: Would you be willing to reduce the price?
B: What is the price range you are shooting for? We might be able to negotiate.
A: Well, we are ready to pay $5,500 for the service, but definitely not more than that.

Business Tips

商談においては，価格に関する話は避けて通れない。価格が高いと感じた場合には，That's too expensive for us.（それは我々には高すぎます。），We can't afford that.（その額は支払えません。），提示された価格に納得の場合には，That's a reasonable price.（お手頃な価格ですね。），It seems feasible.（妥当な価格ですね。）などの表現を使って意見を述べよう。cheap は「価格も品質も低い，安っぽい」という意味で解釈されるこ

11. 商談

A：もう少しお安くなりませんか？

B： パーマーさん，すみません。ですが価格は動かせません。もうすでに底値をご提示しておりますので。
A： それでも弊社の予算以上の金額なのです。

> **!Point**
> Could you please ...? は丁寧な依頼表現。この文章における lower は「下げる，低くする」という意味の動詞。反対に価格を上げる場合には raise という動詞を用いる。

A：割引していただくことはできますか？
B： ええ，5年間の契約書にサインしていただけるのでしたら。
A： その契約書の条件をもっと教えてください。

➡ Is it possible to ...? で「…することは可能ですか？」という意味になる。get a discount は「割引してもらう」という意味。

A：値段を下げていただけませんか？
B： ご予算はどの程度ですか？ ご交渉に応じられるかもしれません。

A： このサービスに 5,500 ドルならば支払う準備があるのですが，それ以上の金額は無理です。

➡ Would you be willing to ...? は「（こちらの意図を汲んで）快く…してくれませんか？」というニュアンス。

....

とが多いので，なるべく使わないほうがよい。
割引の程度を具体的に示す場合には，Could you please reduce the price <u>by 10%</u>?（価格を10%下げていただけませんか？）と by を使ったり，Is it possible to get <u>a 10% discount</u>?（10%値引きしていただけませんか？）と表現したりすることができる。

11-7 ～は承諾できません。

❶ We can't accept ～ .

A: Overall, we are pleased with your proposal, but **we can't accept** article 9.

B: But article 9 is a standard disclaimer.

A: Well, our lawyers told us that it has some disadvantages to us.

❷ ～ would be difficult for us to accept.

A: We'll sign the contract only if you agree to reduce the price by 15%.

B: I'm sorry, but that **would be difficult for us to accept**. We've already reduced the price twice.

A: I know, but we simply can't afford it unless you lower the price.

❸ We would like to renegotiate ～ .

A: The proposal is sound, but **we would like to renegotiate** some of the terms of the contract before signing it.

B: OK. Can you tell me what specifically you wish to renegotiate?

A: Sure. We have written up a counter offer in fact.

Business Tips

相手と自分の要求が噛み合わなくなってきたと感じたら、I'm sorry but I had something different in mind.（すみませんが、私はそれとは違うことを考えていたのです。）, That's not exactly what we want.（私たちが望むものとは合致していません。）のように、相

11. 商談

A：あなたのご提案にはおおむね賛成ですが、第9項**は承諾できません**。
B：でもこれは標準的な免責条項なのですが。
A：弊社の弁護士が、これにはいくつか我々にとって不利な点があると申しておりました。

> **Point**
> accept は「受け入れる、承諾する」という意味。聞き間違えられないよう、can / can't accept をはっきりと言い分けること。can't の場合は、少し長めに発音するとよい。

A：価格を15％下げることに同意してくだされば、契約書にサインします。
B：残念ですが、それ**は承諾できません**。すでに2度も値引きしているのですから。
A：そうなのですが、価格を下げていただかないと支払える額ではないのです。

➡ be difficult for 人 to ... は「（人）が…するのは難しい」という意味。遠まわしに受け入れられないことを伝える表現。

A：妥当なご提案ではありますが、こちらがサインをする前に契約書のいくつかの条項**については再交渉したいと思います**。
B：わかりました。具体的に何について再交渉したいとお考えか教えていただけますか？
A：はい。実は、修正案を書いてまいりました。

➡ renegotiate は「再交渉する」という意味。相手の言い分について完全には合意できない部分があり、もう少し話し合いたい場合に使える表現。

手にはっきりと伝えなくてはならない。That's an excellent suggestion but we can't afford to....（それはすばらしいご提案ですが、弊社では…する余裕がないのです。）のように、相手の意見を立てた上で No という意思を伝えると印象がよいだろう。

11-8 〜をどう思われますか？

❶ Could you please tell us what you think about 〜?

A: **Could you please tell us what you think about** our product**?**

B: It's good. We are willing to order your product as long as you give us a larger discount.

A: A larger discount?

❷ How do you feel about 〜?

A: **How do you feel about** this product, Mr. Jones**?**
B: This is exactly what we have been looking for!
A: Thank you very much! If you are interested in purchasing one, we can negotiate the price.

❸ Tell us your initial reaction to 〜.

A: **Tell us your initial reaction to** our offer.
B: Well... Your competitor made a much more fair proposal. Yours isn't even in the ballpark.
A: Give us a couple more days, and we will see if we can come up with a better deal.

11. 商　談

A：弊社の商品**をどう思われますか？**

B：いいですね。さらに割引をしてくださるのであれば，ぜひ注文したいと思っております。

A：さらなる割引ですか？

> **!Point**
> what you think about ～ の部分は，「～についてあなたがどう考えているか」と解釈する。

A：ジョーンズさん，この製品**をどう思われますか？**
B：これこそ弊社が探してきたものです！
A：ありがとうございます！ ご購入に興味がおありのようでしたら，価格の交渉にも応じますので。

➡ How do you feel about ～? は「～についてどう思うか」を尋ねる表現。What do you think about / of ～? も同じ意味になる。

A：我々からの提案**に対する最初のご印象をお聞かせください**。
B：そうですね…。他社からの提案のほうが公平でしたね。そちらからのご提案は妥当なものですらありません。
A：もう2, 3日いただければ，もっとよい契約条件をご提示できるか確認してみます。

➡ Tell us ～. で「～を聞かせてください。」という意味になる。交渉に入る前に，提示した物事についての相手の印象を引き出す時に使う表現。

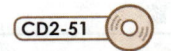

11-9　弊社のサービスに興味をおもちいただき光栄です。

❶ We are honored you are interested in our services.

A: I see you do offer a wide range of great services. Very impressive.

B: We are honored you are interested in our services.

A: I'll consider your offer and contact you by the end of the month.

❷ We appreciate your interest in our services.

A: We appreciate your interest in our services, and we're sure you'll be satisfied with them.
B: I will seriously consider your offer, but I need more time before making a decision.
A: OK. Please call me when you have reached a decision.

❸ We are glad you find our services interesting.

A: Do you have any questions?
B: Yes. I am quite interested in your services, but could you please tell me again why it's important to upgrade the software?
A: We are glad you find our services interesting. Kristian, will you get me the brochure?

11. 商談

A：広範囲にわたるサービスを提供されているのですね。本当にすばらしいです。

B：**弊社のサービスに興味をおもちいただき光栄です。**

A：お申し出の件については，検討してから月末までにはご連絡差し上げます。

> **!Point**
> be honored (that) S V は「Sが…することを光栄に思う」という意味になる。be interested in ~ は「~に興味がある」という意味。

A：**弊社のサービスに興味をおもちいただき，ありがたく思っております。** ご満足いただけるものと確信いたしております。

B：そちらからのお申し出につきましては真剣に検討させていただきますが，決断を下すにはもう少し時間が必要です。

A：わかりました。結論が出ましたら，私にお電話ください。

➡ この文における interest は「興味」という意味の名詞。興味をもっている対象（名詞）を後に続ける場合，前置詞 in を用いる。

A：何かご質問はございますか？

B：ええ。そちらのサービスにとても興味をもっているのですが，もう一度，ソフトウェアのアップグレードが必要な理由をご説明いただけますか？

A：**弊社のサービスにご興味をおもちいただき光栄です。** クリスチャン，パンフレットを取ってくれますか？

➡ find O interesting は「O を興味深いと思う」という意味。

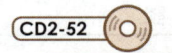

11-10 弊社製品がニーズに合うようでしたら，どうぞご購入をご検討ください。

❶ If you think our products fit your needs, please consider purchasing them.

A: I've never seen such unique software. Interesting.

B: If you think our products fit your needs, please consider purchasing them.

A: Of course we will, Ms. Palmer.

❷ Choose our products if you think they will suit your needs.

A: Choose our products if you think they will suit your needs.
B: I see how your products are an improvement, but they are priced rather high.
A: Buying the best pays off in the long run.

❸ Select our products if you think they best match what you are looking for.

A: I am interested in your products, but I am not completely convinced that they are our best option.
B: Select our products if you think they best match what you are looking for.
A: I understand that, but I will need some time to think about it.

Business Tips

検討するのに少し時間が欲しい場合には，Give us a couple of days to think it over.（2，3日検討させてください。）や I'll talk with our boss and let you know our decision as

11. 商　談

A：このようにユニークなソフトウェアは見たことがありません。おもしろいですね。
B：**弊社製品がニーズに合うようでしたら，どうぞご購入をご検討ください。**
A：もちろん検討しますよ，パーマーさん。

> **!Point**
> fit は「適合する」という意味の動詞。「…することを検討する」と言う場合，consider の後には不定詞 (to ...) ではなく動名詞 (...ing) がくるので注意しよう。

A：**そちらのニーズに合うとお考えでしたら，ぜひ弊社の製品をお選びください。**
B：大変改良された製品であることはわかるのですが，価格がかなり高いもので。
A：ですが，最高の商品のご購入は，長い目で見れば元を取れますよ。

➡ suit には fit と同様，「合う」という意味がある。このような場面での命令文は押しつけがましさを与えない言い方になるので，失礼にはあたらない。

A：そちらの製品には興味があるのですが，それらが弊社にとって最善の選択肢であるのかどうかの確信がもてないのです。
B：**お探しのものにいちばん近いとお考えなのであれば，ぜひ弊社製品をお選びください。**
A：そうなのですが，少し考える時間が必要です。

➡ what you are looking for の部分は「あなたが探しているもの」と解釈する。

・・

soon as possible.（社に持ち帰って上司に相談し，なるべく早くお返事差し上げます。）などと断りを入れよう。

11-11 来週の木曜日までにお返事いただきたいのですが。

❶ We'd like a response by next Thursday.

A: By when do you need to know our decision?

B: Well, **we'd like a response by next Thursday**, Mr. Randall. Is that OK?

A: No problem, Ms. Cyrus. I'll definitely contact you by then.

❷ Let us know what you have decided by next Thursday.

A: **Let us know what you have decided** about our proposal **by next Thursday**.

B: I'm afraid next Thursday is too soon. How about in two weeks?

A: That will be fine.

❸ Would it be possible to get your final decision by next Thursday?

A: Your proposal is most equitable and I believe we'll do good business with you.

B: **Would it be possible to get your final decision by next Thursday?**

A: Sure. That shouldn't be a problem.

11. 商　談

> **!Point**
> response は「返事」という意味。具体的な日付，時間，曜日などを示して期限を伝える場合には by を用いる。

A：いつまでにこちらの決断をお知らせすべきでしょうか？
B：そうですね，ランドールさん，**来週の木曜日までにお返事いただきたいのですが**。よろしいでしょうか？
A：問題ないですよ，サイラスさん。それまでには必ずご連絡いたします。

A：**来週の木曜日までに**弊社からの提案に関して**どういうご決断をされたかお聞かせください**。
B：申し訳ありませんが，来週の木曜日では早すぎます。2週間後ではいかがでしょうか？
A：それで結構です。

➡ Let us know 〜 . で「〜を私たちに知らせてください。」という意味の表現になる。what you have decided は「あなたが決めたこと」という意味。

A：そちらからのご提案が最も公平でした。御社とであれば，事業もうまくいくのではと思っています。
B：**来週の木曜日までにそちらの最終決定をお聞かせ願えますでしょうか？**
A：もちろんです。それで問題ありません。

➡ Would it be possible to ...? で「…することは可能でしょうか？」という丁寧な依頼表現になる。final decision は「最終的に下された決定」という意味。

11-12　来週お会いするまでに契約書を作成します。

❶ I'll write up a contract by the time I see you next week.

A: We'd like to know the exact terms of the contract, Mr. Peterson. **B:** OK. **I'll write up a contract by the time I see you next week.** **A:** Great.	**A：** ピーターソンさん，契約の正確な条件が知りたいのですが。 **B：** わかりました。**来週お会いするまでに契約書を作成します。** **A：** よかったです。

> **Point** write up ～ は「～を書き上げる」という意味。by the time S V は「S が…するまでには」という意味の表現。

❷ I'll draw up the contract before we meet again next week.

A: **I'll draw up the contract before we meet again next week.** **B:** Could you send it over to my office beforehand? **A:** Sure. I'll try to get it to you at least 2 days in advance.	**A：** **来週にお会いするまでに契約書を作成します。** **B：** 事前に私のオフィスにお送りいただけますか？ **A：** いいですとも。遅くとも2日前には届くようにします。

➡ draw up ～ は「(文書) を作成する」という意味で用いる。

❸ I'll have our lawyers write one up before we get together again next week.

A: I think we are ready to sign a contract. **B:** Great! **I'll have our lawyers write one up before we get together again next week.** **A:** When it is ready, send it to us to check.	**A：** こちらとしてはもう契約書にサインする心づもりでおります。 **B：** すばらしい！**では，次週またお会いするまでに弊社の弁護士に契約書を作らせます。** **A：** 仕上がりましたら，確認のためにこちらにお送りください。

➡ "have ＋人＋動詞の原形"で「(人)に…させる」という"使役"の意味になる。

12. プレゼン

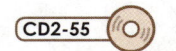

12-1 今日は，〜についてお話しします。

❶ Today, I'm going to talk about 〜．

Hello, everyone. I'm Ken Yamada from the sales department. I'm very pleased to have this opportunity to talk to you and I'd like to thank all of you for attending my presentation. **Today, I'm going to talk about** the latest market research we've conducted in the U.K.

❷ The title of today's presentation is 〜．

The title of today's presentation is "Motivation and Productivity." First of all, we will define motivation and productivity. Next, we will discuss strategies for increasing both. And finally, we will conclude with some examples of how these strategies can be implemented in your departments.

❸ Today I am here to talk to you about 〜．

Thank you for that kind introduction. As Mr. Harris just said, my name is Ken Yamada and I work in the sales department here at Z Planning. **Today I am here to talk to you about** some of the differences between sales in Japan and sales in the United States. I hope you find this talk both informative and enjoyable.

Business Tips

プレゼンテーションの冒頭では，次のような表現を使って，本題に入る前にテーマや話の流れなどを説明しよう。"We will begin with 〜, then move on to 〜, and conclude with 〜."（〜から話を始め，それから〜について話し，最後は〜について話します。）

12. プレゼン

皆さん，こんにちは。営業部の山田健です。皆さんにお話をする機会に恵まれ，とてもうれしく思っておりますし，私のプレゼンテーションにご出席くださった皆さんには心より感謝しております。**今日は，**イギリスで行った我々の最新の市場調査**についてお話しします。**

> **!Point**
> be going to ... は「…するつもりである」という意味を表す。will は "現時点での意思決定" を表すのに対し，be going to ... は "あらかじめ考えられていた意思" を表す。

今日のプレゼンテーションのタイトルは，「モチベーションと生産性」**です。**まずはモチベーションと生産性の定義をし，その後にその両方を高める方法についてお話しします。そしてプレゼンテーションの最後に，皆さんの所属する部署でどのようにすればそれらの方法を導入することができるのかという例を挙げたいと思います。

➡ プレゼンテーションのタイトルを示すことによって話題を説明している表現。

親切なご紹介をいただきありがとうございました。今ハリスさんがおっしゃった通り，私の名前は山田健です。ここZプランニングの営業部で働いています。**今日は，**日本とアメリカの営業活動の違い**についてお話しいたします。**今日の話を楽しく参考になるものだと思っていただけることを願っております。

➡ 直訳すれば，「今日は，～について話すためにここにいます。」となる。

To begin, ... Then, ... Next, ... Finally, ...（最初に…。続いて…。次に…。そして最後に…。）また，説明の後には，I'd like to start now by showing you this chart.（この表をお見せするところから始めたいと思います。）などと言って本題に入るとよいだろう。

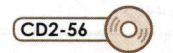

12-2 話の後にディスカッションの時間を設けます。

❶ We'll have a discussion session after my talk.

We'll have a discussion session after my talk, but I also welcome questions during my presentation. If you have any questions, please raise your hand and let me know. I'm more than happy to answer your questions.

❷ The presentation will be followed by a 5-to-10-minute question and answer period.

My presentation is on the possibility of starting a new business in Japan. First of all, I will talk about possible problems that might arise if we were to do so, and after that, I will outline possible solutions. **The presentation will be followed by a 5-to-10-minute question and answer period.** Please jot your questions down and ask them during that time.

❸ After my talk, you will have the opportunity to ask me any questions you might have.

After my talk, you will have the opportunity to ask me any questions you might have. But feel free to stop me during the presentation if something is unclear or if there is something you don't understand. I'd be more than happy to explain it again until you do get it.

12. プレゼン

私の話の後にディスカッションの時間を設けますが，プレゼンテーションの間でもご質問は歓迎いたします。もしご質問がありましたら，挙手をしてお知らせください。喜んでお答えいたします。

> **!Point**
> have は「設ける」という意味で使うことができる。所要時間を伝える場合は，discussion session の前に brief（短い）や 30 minute（30 分の）などをつければよい。

私のプレゼンテーションは，日本で新規ビジネスを立ち上げられる可能性についてのものです。まず初めに，そうした場合に起こり得る問題についてお話しし，それから考え得る解決策についてまとめようと思います。**プレゼンテーションの後に 5 分から 10 分の質疑応答の時間があります。**質問事項はメモしておき，質疑応答の時間に質問するようにしてください。

➡ be followed by ～ は，「～が後に続く」という意味。

私の話の後に，自由に質問していただける機会があります。ですが，プレゼンテーションの途中であっても，もしはっきりしない点や理解できない点があれば，どうぞお気軽にご質問ください。ご理解いただけるまで，喜んで繰り返しご説明したいと思います。

➡ opportunity は「機会」という意味。opportunity to ... とすれば，「…する機会」という意味の表現になる。

12-3 スクリーンをご覧いただけますか？

❶ Could you please take a look at the screen?

Now I'd like to show you a few pictures of the new factory we have opened to accelerate production. **Could you please take a look at the screen?** This is a picture of our new factory in Denver, Colorado, where approximately 5,000 people are working under the direct supervision of highly qualified staff members.

❷ Glance up at the screen.

Glance up at the screen and we will watch a short video that shows the progress we have made on the new MX374. The video is about 3 minutes long, and you should find it rather amusing.

❸ I'd like to direct your attention to the screen.

First off, **I'd like to direct your attention to the screen**. As you can see, this diagram shows the typical process used for making our shock absorbers. We will break down this process into 3 sections, and discuss each of them in detail.

12. プレゼン

生産量を増やす目的で開いた新しい工場の写真を何枚かお見せしたいと思います。**スクリーンをご覧いただけますか？** これはコロラド州デンバーにある我々の新しい工場の写真です。ここでは高い技能をもつスタッフの直接的な指示のもと，約5,000人が働いています。

> **!Point**
> take a look at ～ で「～を見る」という意味になる。Could you please ... という丁寧な依頼表現に続けることで，「見ていただけますか？」となる。

スクリーンをご覧ください。我々の新たなMX374がいかに進歩したかをご覧いただける短いビデオをお見せいたします。このビデオは約3分間ですが，非常におもしろいと思っていただけるはずです。

➡ glance up at ～ は「～のほうに目を上げてみる」という意味。指示を出す場面なので，命令形でも失礼にはあたらない。

まず，**スクリーンにご注目いただきたいと思います。**おわかりいただけるように，こちらの図は弊社の緩衝装置を製造する典型的プロセスを示しています。この工程を3つに分け，1つずつ細かくお話ししたいと思います。

➡ direct は「導く」という意味。直訳すると，「皆さんの注目をスクリーンに導きたいです。」という意味になる。

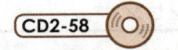

12-4 こちらのグラフは〜を示しています。

❶ The graph shows 〜.

Now, I'd like to show you a graph on the screen. **The graph shows** the changes in sales volume from last year. As you can see, sales volume declined rapidly in March and April last year, but since then, it has been increasing steadily.

❷ The data included in Figure 1 indicate that 〜.

The data included in Figure 1 indicate that accidents have increased 30% in the past 3 months. While most of these incidents have been relatively minor, it is still an alarming trend.

❸ The following table reveals 〜.

The following table reveals the cost benefits from adopting this new procedure. You can see that the new procedure is 50% more cost-effective than the old procedure. These savings can be applied to more research and development.

12. プレゼン

さて，スクリーンに映してありますグラフをお見せしたいと思います。**こちらのグラフは**昨年の売上の**推移を示しています**。おわかりいただけるように，売上は昨年の3月と4月に急速に落ちましたが，それ以降は確実に増え続けています。

> **!Point**
> show は「示す」という意味の動詞。グラフが複数ある場合には，the first graph（最初のグラフ），the second graph（2番目のグラフ），the third graph（3番目のグラフ）のように区別すればよい。

図1に含まれるデータは過去3カ月で事故が30％増えたこと**を示しています**。これらの事故のほとんどは比較的軽いものではありましたが，この傾向が憂慮すべきことであることには変わりありません。

➡ The data (which is) included in Figure 1 のように補って考えると理解しやすくなる。indicate は「表す，示唆する」という意味。

次の表は，この新しい手順を採択することで得られる費用便益**を示しています**。この新しい手順を採択すれば，以前より50％も費用効率が上がることがおわかりいただけるでしょう。こうして節約できた資金は，さらなる研究開発に充てることができるわけです。

➡ following ～ は「次の～」という意味で，直後の内容に言及する際によく用いられる表現。table は「表」，reveal は「明らかにする，示す」という意味。

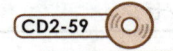

12-5 ～をご覧いただいてわかるように, …

❶ As you can see from ～ , …

As you can see from the chart on the screen, productivity plunged in July and it wasn't until November that it started to recover slowly. The new equipment that we purchased in early October has obviously played an important role in the process.

❷ … as ～ indicates.

In spite of the general economic decline, sales of our games continue to grow steadily **as** the graph **indicates**. There hasn't been a drop in sales since September of 2007.

❸ ～ provides evidence that …

Table 1 **provides evidence that** scenario 6 is the best alternative. The comparison shown in the table is based on the proposals we listened to in our last meeting for opening up new product lines.

12. プレゼン

スクリーンの表**をご覧いただいてわかるように**，生産は7月に急な落ち込みをみせ，緩やかに回復しだしたのは11月に入ってからでした。我々が10月初旬に購入した新たな機器が，その過程において明らかに重要な役割を果たしています。

> **!Point**
> この文における as S V は「S が…であるように」という意味。see には「わかる」という意味がある。

全般的に経済状況が悪化しているにもかかわらず，グラフ**が示しているように**，弊社のゲーム機の売上は確実に伸び続けています。2007年の9月から，売上はまったく落ちていません。

➡ 「〜が示している（内容を見ればわかる）ように」と解釈する。

表1**を見ていただければ**，シナリオ6が最善の選択肢であること**がわかります**。表に示されている比較は，新たな製品種目を市場に出すために開いた前回の会議で聞いた提案をもとに作成したものです。

➡ provide は「与える，提供する」，evidence は「証拠」という意味なので，直訳すると「〜は，…であるという証拠を提供している」という意味になる。

12-6 例えば, …

❶ For example, ...

Unfortunately, this type of strategy has never worked well. **For example,** our financial situation worsened to the lowest level after we expanded our business in Hong Kong 3 years ago, leaving us with no choice but to close down the factory there.	残念ながら，この手の戦略はこれまでうまくいったことがありません。**例えば，**3年前に香港において事業を拡大した後，我々の経済状況は最低レベルにまで悪化し，結果，そこにある工場を閉鎖せざるを得なくなった**のです**。

!Point For example, S V. で「例えば，S は…です。」という意味になる。

❷ such as ～

Successful managers usually have several specific characteristics **such as** having a great work ethic, being quick decision makers, and being good listeners.	やり手の部長たちは，たいていいくつかの特有の性質をもっています。**例えば，**優れた労働観があり，すばやく決断を下すことができ，人の話に耳を傾けることに長けているといったものです。

➡ ... such as ～ は「～などのような…」という意味。後には名詞（句）がくる。

❸ A good example of this is ～ .

In order for our company to be more efficient and productive, we have to invest in technology wisely. There are many technological innovations that have emerged within the past five years. **A good example of this is** cloud computing.	弊社がより効率的かつ生産的な状態になるためには，テクノロジーに対して賢い投資の仕方をしなくてはなりません。過去5年間において，多くの技術革新がありました。**そのよい例が，**クラウドコンピューティングです。

➡ example は「例」という意味。this は，これより前に述べられた内容を指しており，後にはそれについての例が続くことになる。

12-7 つまり, …

❶ In other words, …

This particular system did not function the way we were hoping it would in those Asian countries. **In other words,** the system failed and we needed to come up with a better idea which would work properly.	このシステムは，それらのアジア諸国では我々の希望通りには機能しませんでした。**つまり，**そのシステムではうまくいかず，我々は適切に機能するよりよいアイディアを考えねばならなかったのです。

Point in other words は，文字通りには「別の言葉で言えば」という意味。前に述べた内容をよりわかりやすい表現に言い換える場合に用いる。

❷ Let me put it another way.

The Internet has great potential as a marketing tool, but banner ads are problematic. **Let me put it another way.** When you are surfing the Internet, do you click on banner ads?	インターネットはマーケティングのツールとして大いなる可能性をもってはいますが，バナー広告には問題があります。**別の言い方をしましょう。**インターネットをあれこれ見ている時，あなたならバナー広告をクリックするでしょうか？

➡ この文における put は「表現する，言う」という意味。直訳すると，「別の方法でそれを表現させてください。」となる。

❸ What I mean is that …

If we increase the radius by a quarter of an inch, we increase the durability by 33% but lose some flexibility. **What I mean is that** the shaft will last longer, but it becomes more likely to snap in half.	半径を1/4インチ伸ばせば，耐久力を33%伸ばすことになるものの，いくぶん柔軟性を失うことになります。**つまり，**軸はより長持ちするようになるものの，より半分に折れやすくなるということです。

➡ 直訳すれば，「私が意味しているのは，…ということです。」となる。

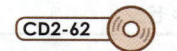

12-8 この件につきましてはのちほどお話しします。

❶ I'll go into this subject later.

This particular new policy greatly helped us boost our market share, but **I'll go into this subject later**. First of all, I'd like to talk about the positive responses we have been receiving from both our domestic and international customers since last September.

❷ We will cover this topic later.

I'm sure you would all love to hear about the financial situation of the company, but **we will cover this topic later**. Now, I'm talking about the forthcoming joint venture with B Planning.

❸ I'll discuss the results of the product testing in a couple of minutes.

I'll discuss the results of the product testing in a couple of minutes. For now, I'd like to address a different question. How can we improve our market share?

❹ In a little while, I will share with you some of what we have already considered.

It is important to consider this problem from many angles. **In a little while, I will share with you some of what we have already considered.**

12. プレゼン

> **Point**
> go into ～ は「～について詳しく述べる」という意味の表現。「のちほど」は文末に later をつければよい。

この新しい方針が，我々のマーケットシェアを引き上げることに大いに貢献してくれたわけですが，**この件につきましてはのちほどお話しします**。まずは，昨年9月以降に国内外の顧客から得られたポジティブな反応についてお話ししたいと思います。

きっと皆さんは会社の財政状況についてお聞きになりたいのだと思いますが，**その件につきましてはのちほどお話しします**。今は，Bプランニング社との来たるべき共同事業についてお話しします。

➡ cover は「（議題など）を取り上げる」という意味。

製品試験の結果につきましては，もう少し後でお話しします。今は違う問題に的を絞りたいと思います。どうすれば我々がマーケットシェアを改善できるか，ということです。

➡ discuss は「議論する」という意味。in a couple of minutes は直訳すると「数分後に」という意味になる。

この問題を多くの観点から考慮することが重要です。**のちほど，すでに検討した内容のいくつかを皆さんにお伝えいたします**。

➡ in a little while は「少し経ってから」という意味。

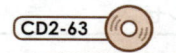

12-9 どなたかご質問はありませんか？

❶ Does anybody have any questions?

A: Does anybody have any questions?

B: Yes, I do. How did you analyze the data you'd gathered from the Asian countries?

A: Thank you for your question, Melanie. I'll be happy to explain it.

❷ Are there any questions?

A: Are there any questions?
B: Yes. I'd like to know when production is supposed to begin.
A: Well, that depends on several things. At the earliest, we will start production in April. At the latest, in October.

❸ I'd like to open up the floor to questions.

A: I'd like to open up the floor to questions now. If you have a question, please raise your hand.
(5 hands go up).
A: Yes, you sir in the back row.

12. プレゼン

A：どなたかご質問はありませんか？
B：はい。アジアの国々から集めたデータをどのような方法で分析したのですか？
A：質問をありがとう，メラニー。喜んで説明しましょう。

> **! Point**
> 「質問がある」は have a question と表現することができる。Do you have any questions? と聞き手に直接問いかける言い方をしてもよい。

A：質問はありますか？
B：はい。いつ製造を開始することになっているのか知りたいのですが。
A：それはいくつかの要素により決定することです。早ければ4月，遅くとも10月には開始するでしょう。

➡ there is a question も「質問がある」と言う時の表現として使える。この文は，疑問文，かつ questions という複数形に対応した形になっている。

A：今から質問を受け付けたいと思います。 ご質問がある方は挙手してください。
（5人の手が挙がる）
A：はい，では後方席のそちらの方。

➡ open up the floor to ～ は文字通りには「～のために場を開く」という意味だが，ビジネスシーンでは「（大勢の相手に対して）～を受け付ける」といった意味合いでよく用いられる表現。

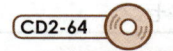

12-10 私の意見では, …

❶ In my opinion, …

A: May I ask what you think about expanding our business overseas?

B: In my opinion, it'd be quite difficult to expand our business to North America.

A: Would you mind telling us why?

❷ To the best of my knowledge, …

A: To the best of my knowledge, advertisements in newspapers are no longer so effective.
B: Is that why you think we should shift to online advertising?
A: Exactly. Let me show you an example.

❸ … as far as I can tell.

A: Will the new law about environmental safety have much of an impact on our budget?
B: It shouldn't cause any extra financial burdens **as far as I can tell**.

A: I hope not!

❹ Based on my experiences, …

A: Most marketing efforts focus on shifting brand loyalties rather than trying to persuade people to try a new product.
B: Is that right?
A: Well, **based on my experiences**, this usually seems to be the case.

12. プレゼン

A: 我々のビジネスを海外に拡大することについては，どうお考えですか？
B: 私の意見では，北米にまでビジネスを拡大するのはかなり困難だと思います。
A: その理由をご説明いただけますか？

!Point
「他の人はどう思うか知らないが，自分自身の意見はこうだ」と言いたい時に用いる表現。

A: 私が知る限り，新聞広告はもはやそれほどの効果はないのです。
B: だからオンライン広告にシフトすべきだとお考えなのですか？
A: その通りです。ある例をご覧に入れましょう。

➡ to the best of my knowledge は，「私が知る限りでは」という意味で，「もしかすると自分の知っている以上の事実があるかもしれないが」というニュアンスが含まれる。

A: 環境保全に関する新しい法律は，我々の予算にも大いに影響を与えることになるでしょうか？
B: 私が言える範囲で申し上げると，その法律によって財政上の余分な負担が生じることはないと思います。
A: 私もそうでなければいいと願っています！

➡ as far as S V は「S が…する限りは」という"限定"を示す表現。as far as I know だと「私の知る限りでは」という意味になり，こちらも質疑応答などの場面で非常に役立つ表現。

A: ほとんどの場合，マーケティングでは新製品を買わせようとすることよりも，ブランド信仰を転換することに重きを置いています。
B: そうなんですか？
A: 私の経験に基づいて言えば，たいていはそうですね。

➡ based on ～ で「～に基づいて言うと」という意味になる。

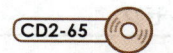

12-11 わかりました。

❶ I see.

A: Considering our tight budgets, wouldn't it be difficult to spend more money on quality management?
B: Yes, but I believe we can come up with a good idea if we review our budgets. Quality control is a significant issue if we plan to keep the business on the market.
A: I see. Thank you for answering my question, Mr. Klum.

❷ I think I understand what you mean.

A: I think I understand what you mean. You are saying that it is better to focus our resources on product development than marketing.
B: Yes. That's exactly what I am saying.
A: But if we don't sell any products, then we won't have any money for R&D.

❸ I get it.

A: Does that mean we should close down the factory in Paris?
B: Exactly. We've never done well in France, and I think that's the simplest solution.
A: OK, I get it.

❹ I see your point.

A: I see your point. However, I'd like you to explain the part about nanotechnology again.
B: Sure. I'd be happy to.
A: Thank you.

12. プレゼン

A: 我々の厳しい予算を考えると，品質管理にこれ以上のお金をかけるのは難しくないでしょうか？
B: ええ，ですが予算を再検討すれば，よい案が浮かぶものと信じています。この市場に残りたいのであれば，品質管理は重要な課題ですから。
A: **わかりました**。クラムさん，私の質問にお答えいただきありがとうございました。

> **!Point**
> 説明や回答に納得したことを伝える表現。「わかりました」という過去形に対応する表現だが，現在形のままでOK。I understand. も同じように使える。

A: **おっしゃる意味は自分にも理解できていると思います**。マーケティングよりは商品開発にお金を使うほうがよいとおっしゃっているのですよね。
B: そうです。ずばりそう言っているのです。
A: ですが，製品を売らなければ，研究開発のための資金も得られないのですよ。

➡ what you mean の部分は「あなたの意味するところ」という意味。

A: つまり，パリの工場を閉鎖すべきということですか？
B: その通りです。フランスにおいてはずっと事業がうまくいっていませんでしたので，それがいちばん簡単な解決策だと思うのです。
A: なるほど，**わかりました**。

➡ get には understand のように「理解する」という意味がある。it は説明された内容全体を指している。

A: **あなたのおっしゃりたいことは理解しました**。ですが，もう一度ナノテクノロジーの部分をご説明いただけたらと思います。
B: わかりました。喜んでご説明させていただきます。
A: どうもありがとうございます。

➡ point は「要点，趣旨」という意味。

12-12 おっしゃる通り, …

❶ As you say, …

A: I'd like to ask you why you think we should set financial issues as the top priority at this stage. Shouldn't we be concentrating on promoting our newest products?

B: As you say, promoting our latest products is important. However, the promotion process alone takes an unbelievable amount of money.

A: Oh, I see your point now. Thank you for answering my question.

❷ You are right, …

A: I think it's actually a good idea to release a new model.
B: You are right, that's an ideal plan. But we need to work out the budget first.
A: Shouldn't this be a top budgeting priority?

❸ According to you, …, and I agree.

A: According to you, biometrics is not a very secure system, and I agree.
B: Well, unfortunately, there are no truly safe computer networks.

A: What security system do you recommend we implement then?

12. プレゼン

A： なぜこの段階で財政問題を最優先事項にすべきだとお考えなのか，お聞きしたいのです。最新の製品を宣伝することに集中すべき時期ではないのでしょうか？
B： **おっしゃる通り，**最新の製品を売り込むことは重要です。しかし，宣伝をするだけでも信じられない額のお金が必要なのです。
A： ああ，おっしゃる意味がわかりました。質問にお答えいただき，ありがとうございました。

> **!Point**
> この文における as S V は「S が…であるように」という意味。As you said earlier（先ほどあなたが言っていたように），As you've just said（たった今あなたが言っていたように）などの言い方もできる。

A： 新型モデルを発売するのはよい案だと思うのですが。
B： **おっしゃる通り，**それは理想的なプランですね。ただ，まずは予算を立てなければなりません。
A： これについては，予算の中でも最優先事項であるべきではないですか？

➡ You are right. は「あなた（の言っていること）は正しいです。」という表現で，「おっしゃる通りです。」というニュアンスになる。

A： **あなたによれば，**バイオメトリクスはあまり信頼できるシステムではないということですが，私もそう思います。
B： ええ。残念なことに，本当に安全なコンピュータネットワークというものはないのです。
A： では，どのセキュリティーシステムを導入することをお勧めされますか？

➡ according to ～ は「～に言わせると」という意味。相手の発言内容を繰り返し，and I agree を加えて，それに同意することを伝える表現。

12-13 興味深い意見をありがとうございます。

❶ Thank you for your interesting opinion.

A: I'm sorry to interrupt you, but don't you think the strategy you've just explained might actually work in Japan?

B: **Thank you for your interesting opinion**, Susan. I quite agree with you. I'll explain the possibility later, OK?

A: Sure. Thank you, Mr. Wang.

❷ That's a very insightful comment!

A: Based on your presentation, we need to adopt a 4-day work week to reduce the number of incidents caused by fatigue.

B: **That's a very insightful comment!** While I wasn't specifically recommending a 4-day work week, it is one possibility.

A: Do you know of any better alternatives?

❸ I appreciate your feedback!

A: I really enjoyed your presentation! The topic was very relevant to our current sales dilemma.

B: **I appreciate your feedback!** I hope you can turn your sales around.

A: Well, if we adopt some of the strategies you recommended, I think we can make progress.

Business Tips

出してくれた意見に同意できない場合でも，すぐに反論するのではなく，まず意見を出してくれたことに対する感謝の気持ちを伝えれば，議論がスムーズに進むだろう。I value

12. プレゼン

A: お話を遮って申し訳ないのですが，あなたがたった今ご説明された方針は，日本では実際うまくいくとは思いませんか？
B: **興味深い意見をありがとう**，スーザン。私もまったく同感です。その可能性については後で説明します。それでよろしいですか？
A: ええ。ありがとうございます，ワンさん。

!Point
thank you for ～ で「～をありがとう」という意味になる。「意見」はopinion を用いればOK。

A: あなたのプレゼンテーションに基づいて考えると，過労が原因で起こる事故の数を減らすために週4日労働のシステムを導入する必要があるでしょう。
B: **洞察力に富んだコメントですね！** 具体的に週4日労働を勧めていたわけではないのですが，それも可能性の1つですね。
A: 何か他によい選択肢はありますか？

➡ insightful は insight（洞察）の派生語で，「洞察に満ちている」という意味の形容詞。

A: あなたのプレゼンテーションを大変楽しませていただきました！ 我々が現在抱えている売上のジレンマというものに非常に関連のある話題でした。
B: **ご感想をいただきありがとうございます！** 売上も好転するといいですね。
A: あなたの勧めてくださった方法のいくつかを導入すれば，進歩は望めると思います。

➡ appreciate は「ありがたく思う」という意味の動詞。feedback は「意見，感想，評価」といった意味で用いる名詞。

---

your perspective, but I do not necessarily agree.（あなたの考え方も評価しますが，同意はできません。）などの表現を参考にしよう。

12-14　ご清聴ありがとうございました。

❶ Thank you very much for your attention.

That's it for my presentation. **Thank you very much for your attention.** Well, if you have any questions, I'll be happy to answer them now. Does anyone have any questions?	プレゼンテーションは以上です。**ご清聴ありがとうございました。** ご質問があれば，今から喜んでご回答差し上げます。どなたかご質問はございませんか？

!Point attention は「注意，注目」という意味。「(自分のプレゼンテーションに)注目してくれてありがとう」という意味合いになる。

❷ Thanks for listening.

And this concludes my presentation. **Thanks for listening.** Now, let's open the floor to questions and comments.	さて，以上で私のプレゼンテーションは終了です。**ご清聴ありがとうございました。** では，ご質問やご意見を受けつけることにしましょう。

➡ thanks for ...ing で「…してくれてありがとう」という意味になる。for の後には名詞や動名詞を置く。

❸ I'd like to thank you all for your patience, your participation, and your enthusiasm.

If there are no further questions, then let's conclude today's round of presentations. **I'd like to thank you all for your patience, your participation, and your enthusiasm.**	もしこれ以上ご質問がないようでしたら，今日のプレゼンテーションは以上で終わりにいたしましょう。辛抱強く聞いてくださったこと，参加してくださったこと，そして皆さんの熱意に対して感謝したいと思います。

➡ プレゼンテーションを締めくくる際の丁寧な謝辞の例。I'd like to thank you all for 〜 という表現は，直訳すると「〜に対し，皆さん全員にお礼が言いたい」という意味になる。

ビジネスに役立つ語句リスト

ビジネスに役立つ語句リスト

仕事をする上で知っておくと便利な語句や表現をまとめています。会話の際だけでなく，Ｅメールや文書作成時にもご活用ください。

組織　Organization

【本社・本店】	head office / headquarters
【支社・支店】	branch office
【事業所】	business office
【営業所】	sales branch
【工場】	plant
【親会社】	parent company
【子会社】	subsidiary (company)

部署　Departments

【営業部】	sales department / marketing department
【企画部】	planning department
【技術部】	engineering department
【経理部】	accounting department / accounts department
【研究開発部】	research & development department
【購買部】	purchasing department
【広報部】	public relations department
【顧客サービス部】	customer service department
【財務部】	finance department
【商品開発部】	product development department
【情報技術部】	IT department
【人事部】	personnel department / human resources department
【宣伝部】	advertising department
【総務部】	general affairs department
【通信部】	communications department
【発送部】	shipping department
【販売促進部】	sales promotion department
【品質管理部】	quality control department
【法務部】	legal department

※部署や役職については，企業によって区別の仕方や名称が異なります。リスト上の表現が常に当てはまるとは限りませんのでご注意ください。

役職　Positions

【取締役会】	board of directors
【会長・理事長】	chairperson of the board
【社長】	president
【副社長】	executive vice president
【専務取締役】	executive managing director
【常務取締役】	managing director
【最高経営責任者】	CEO (= chief executive officer)
【最高執行責任者】	COO (= chief operating officer)
【最高財務責任者】	CFO (= chief financial officer)
【最高情報責任者】	CIO (= chief information officer)
【本部長・部長】	general manager
【副部長・部長代理】	assistant general manager
【次長】	deputy manager
【課長】	manager / section chief
【係長】	section chief / subsection chief
【支店長】	branch manager
【売り場主任】	floor manager
【工場長】	plant manager
【事務長】	office manager
【管理者・監督者】	supervisor
【取りまとめ役】	coordinator
【連絡係】	liaison
【チーフエンジニア】	chief engineer
【秘書】	secretary
【受付係】	receptionist

会議　Meetings

【重役会議】	board meeting
【国際会議】	international conference
【緊急会議】	emergency meeting
【定例会議】	regular meeting
【年次例会】	annual meeting
【スタッフミーティング】	staff meeting
【営業会議】	sales meeting
【企画会議】	planning session
【商談】	business negotiations
【契約交渉】	contract negotiations

社内施設　Facilities / Rooms in the Office Building

【受付エリア】	reception area
【お手洗い】	restroom
【会議室】	conference room
【作業スペース】	cubicle　※間仕切りで区切られた小スペース
【食堂】	cafeteria / staff canteen
【倉庫】	stock room / storage
【駐車場】	parking lot
【備品室】	supply room
【待合室】	waiting room
【ロビー】	lobby

備品・事務用品　Office Goods / Office Supplies

【エアコン】	air conditioning
【空気清浄機】	air purifier
【黒板】	chalkboard / blackboard
【コピー機】	photocopier
【書類棚】	file cabinet / filing cabinet
【整理棚】	cabinet
【パーティション】	partition
【引き出し】	drawer
【ファックス】	fax machine
【プリンター】	printer
【ホワイトボード】	whiteboard
【カッターナイフ】	retractable knife
【消しゴム・黒板消し】	eraser
【ゴム印】	rubber stamp
【修正液】	white-out
【シュレッダー】	paper shredder
【書類用クリップ】	paper clip
【名札】	name tag
【ノート】	notebook
【のり】	glue / paste
【バインダー】	binder
【ハサミ】	scissors
【便箋】	letter paper
【フォルダ】	folder
【ポインタ】	pointer
【ボールペン】	ball point pen
【ホッチキス】	stapler
【ホッチキスの針】	staple
【マーカー】	(whiteboard) marker
【名刺】	business card
【用語集】	glossary

書類　Documents

【売渡証】	bill of sale
【運転免許証】	driver's license
【営業報告書】	sales report
【送り状・請求書】	invoice
【会社案内】	company brochure
【回覧・覚書】	memorandum / memo
【価格表】	price list
【議事一覧・予定表】	agenda
【議事録】	minutes / proceedings
【給料明細書】	pay slip
【休暇願】	request for vacation time
【掲示】	notice
【契約書】	contract
【資料】	materials
【資料集】	information packet
【草案・下書き】	draft / rough draft
【ソーシャルセキュリティーカード】	social security card
【タイムカード】	time card
【注文書】	order form
【年次報告書】	annual report
【納税申告用紙】	tax form
【納品書】	statement of delivery
【船荷証券】	bill of lading
【見積書】	estimate / quotation / quote
【身分証明書】	identification card (ID card)
【領収書】	receipt / acquittance

電話番号・メールアドレスの言い方　How to Say Phone Numbers/E-mail Addresses

513-385-0987 = five-one-three, three-eight-five, zero(/ oh)-nine-eight-seven
tnakagawa@toro.com = T nakagawa at toro dot com

時間の言い方　How to Tell Time

11:00 = eleven a.m. / eleven o'clock / eleven sharp / eleven o'clock sharp
11:02 = eleven oh two / two past eleven
11:15 = eleven fifteen / quarter past eleven
11:30 = eleven thirty / half past eleven
11:45 = eleven forty-five / quarter to twelve / fifteen minutes to twelve

数字の数え方　How to Read Numbers

1 = one
10 = ten
100 = one hundred
1,000 = one thousand
10,000 = ten thousand
100,000 = one hundred thousand
1,000,000 = one million
10,000,000 = ten million
100,000,000 = one hundred million
1,000,000,000 = one billion
160 = one hundred and sixty
1200 = one thousand two hundred / twelve hundred
1,234,567,891 = one billion, two hundred and thirty-four million, five hundred and sixty-seven thousand, eight hundred and ninety-one
1/10 = one tenth
2/3 = two thirds
5 2/4 = five and two fourths
3% = three percent
10% = ten percent / one out of ten
25% = twenty-four percent / one out of four
0.01 = point zero one / point oh one
0.001 = point zero zero one

表現 INDEX

見出し表現と英語表現を一覧にしていますので，英語表現を確認しながら今の状況に適した表現を探したい時にご活用ください。本書ではさまざまな状況における言い方を紹介しているため，リスト上では日本語と英語の表現が対応していないものもあります。正確な内容については，該当ページの会話をご確認ください。

			page
1 あいさつ	人事部の佐藤良男です。	(1) I'm Yoshio Sato from the personnel department. (2) Yoshio Sato, personnel. (3) I am Mr. Sato from human resources.	12
	お会いできてうれしいです。	(1) It's nice to meet you. (2) It's a pleasure to meet you. (3) I'm honored to meet you.	14
	どうぞよろしくお願いします。	(1) I'm looking forward to working with you. (2) I'm so excited to get to work with you. (3) I'm really happy to have the chance to work with you.	16
	ここで働き始めて15年になります。	(1) It's been 15 years since I started working here. (2) I started working here 3 years ago. (3) I have been employed here for 5 years.	18
	失礼いたします。 （入室時のあいさつ）	(1) May I come in? (2) Is it all right if I come into your office? (3) Sorry to bother you, but can I come in?	19
	お世話になっております。	(1) It's a pleasure doing business with you. (2) We really appreciate doing business with you.	20
2 依頼	もう少し時間をいただけませんか？	(1) Could you give me some more time? (2) Would it be possible to extend the deadline? (3) Is it possible to get some extra time?	22
	お休みをいただきたいのですが。	(1) I'd like to take some time off. (2) Can I have a short vacation? (3) Is it OK if I take Friday afternoon off?	24
	至急，彼に折り返し電話をしてください。	(1) Please call him back as soon as possible. (2) Would it be possible for you to return her call as soon as you can? (3) Can you give Mr. John Roberts a ring right away? (4) If possible, could you phone him immediately?	26
	この文書に目を通してくださいませんか？	(1) Would you please take a look at this document? (2) I'd really appreciate it if you'd look over this document. (3) Would it be possible for you to read this document?	28
	英語のミスがあったら直してくださいますか？	(1) Could you please correct any English mistakes? (2) If you find any grammatical errors with my English, would you mind pointing them out to me?	30
	議事録のコピーをいただけませんか？	(1) Could you give me a copy of the minutes? (2) Can I have a copy of the minutes?	31

	この機械の使い方を教えていただけませんか？	(1) Could you show me how to use this machine? (2) Would you mind telling me how this copier works? (3) Could you demonstrate the correct way to use this device?	32
3 賞賛・感謝	最近，本当にがんばっているね。	(1) You've been doing really well lately. (2) I'm impressed with how hard you've been working recently. (3) You've been doing a great job recently!	34
	これからもその調子でがんばって！	(1) Keep up the good work! (2) Continue doing such a good job!	36
	あなたのおかげです。	(1) I owe it to you. (2) It's all because of you. (3) thanks to ～	37
	とても助かりました。	(1) You really helped me. (2) You've been a great help! (3) You've been instrumental.	38
	感謝しています。	(1) I'm really thankful. (2) I'm grateful. (3) I appreciate ～ .	39
	恐れ入ります。	(1) Thank you so much. (2) I don't know how to thank you enough.	40
4 苦情・謝罪・断り	これ以上のミスは許されません。	(1) We can't allow any more mistakes. (2) You've been making far too many mistakes recently. (3) There have been too many mistakes, and this has got to stop!	42
	これは重要だって言っておいたでしょう？	(1) I told you it was important, didn't I? (2) I warned you this was serious, right? (3) I informed you about the seriousness of this matter, didn't I?	44
	最近，注意散漫だよ。	(1) You've been inattentive lately. (2) Pay more attention to what you are doing! (3) You seem distracted recently.	45
	申し訳ありませんでした。	(1) I'm really sorry. (2) We apologize ... (3) I'd like to personally apologize ...	46
	今後は気をつけます。	(1) I'll be careful from now on. (2) I won't make the same mistake again. (3) I promise I'll be more thorough from now on.	48
	すべて私の責任です。	(1) It's entirely my fault. (2) I am the one to blame. (3) It's all my responsibility.	50
	お手数をおかけします。	(1) I'm sorry for the trouble. (2) Sorry to take up your time.	52
	お手伝いできたらいいのですが。	(1) I wish I could help. (2) I wish there were something I could do, but ... (3) I'd love to help you ..., but ...	53
	申し訳ないのですが，今は忙しくて手が離せません。	(1) I'm sorry, but I'm really busy right now. (2) Sorry, but my schedule is completely full! (3) I'm sorry, but I'm all tied up right now.	54

	残念ながらわかりません。	(1) I'm sorry, but I have no idea. (2) Sorry, but I haven't got a clue! (3) I'm not really sure. (4) Sorry, but it's all Greek to me.	56
	会議には出席できません。	(1) I can't attend the meeting. (2) I'm unavailable to attend the meeting.	58
5 連絡・報告	メールを転送しておきました。	(1) I forwarded the e-mail. (2) I've sent you the e-mail from 〜.	60
	2部コピーをとっておきました。	(1) I made 2 copies of each page. (2) I prepared 10 copies of the document. (3) I made a duplicate of it.	61
	もう発送済みです。	(1) I've already sent them out by mail. (2) We've already mailed them.	62
	たった今、あなた宛ての荷物が届きました。	(1) This package has just arrived and it's addressed to you. (2) We just got this package and it has your name on it. (3) We just received a package addressed to Mr. Parker.	63
	すべて完了しました。	(1) Everything's been taken care of. (2) It's all set up. (3) Everything's done.	64
	プリンターが壊れてしまったようです。	(1) Looks like the printer is broken. (2) It seems that the printer is down. (3) The printer appears to be broken.	66
	この書類をあなたに渡すように頼まれました。	(1) He asked me to give this document to you. (2) I was told to deliver this document to you. (3) I was asked to forward this document to you.	67
	フィンレーさんが、あなたに話があるそうです。	(1) Mr. Finlay needs to talk to you. (2) Mr. Finlay told me that he'd like to have a word with you. (3) He said he has something to talk to you about.	68
	明日から出張です。	(1) I'll be on a business trip starting tomorrow. (2) I'll be away on a business trip from tomorrow. (3) I'm going to Paris on business from tomorrow.	69
	7月5日に戻ってきます。	(1) I'll be back on July 5. (2) I won't be back until next Tuesday.	70
	今日の午後にクライアントと会う予定です。	(1) I am meeting a client this afternoon. (2) I have an appointment with another client this afternoon. (3) I'll be with a client all afternoon.	71
	来週月曜日にジョンソンさんが来社されます。	(1) Mr. Johnson is visiting our office next Monday. (2) Mr. Johnson is coming to our office tomorrow. (3) Mr. Johnson's visit to our company is scheduled for next week.	72
	1週間お休みをいただきます。	(1) I'll be away from the office for a week. (2) I'll be out of my office for a week. (3) I won't be in for a week.	73
	会議は中止されました。	(1) They called off the meeting. (2) The meeting has been cancelled. (3) The meeting has been removed from our agenda.	74

表現 INDEX

5 連絡・報告	会議の予定が変更されました。	(1) They have rescheduled the meeting. (2) The meeting time has been changed to 4:00. (3) The meeting has been postponed.	76
	ホープ・ワトソンさんから午前中にお電話がありました。	(1) Mrs. Hope Watson called this morning. (2) There was a call from Mrs. Hope Watson this morning. (3) Mrs. Watson gave us a ring this morning.	77
	折り返し電話してほしいとのことです。	(1) He wants you to call him back. (2) He's waiting for you to get back to him. (3) He's expecting you to return his call.	78
6 質問・確認	すみません、ちょっとよろしいですか？	(1) Excuse me. May I speak to you for a second? (2) Sorry to interrupt, but can I speak to you briefly? (3) Sorry to bother you, but do you have a few minutes to talk right now?	80
	コピー用紙はどこにありますか？	(1) Where can I find some copy paper? (2) Do you know where I can get some copy paper? (3) How do I go about getting some copy paper?	82
	エアコンの温度を下げてもかまいませんか？	(1) Do you mind if I turn the thermostat down? (2) Can I turn the heat down? (3) Is it OK if I turn the air conditioner down?	84
	この書類は誰が作成したのですか？	(1) Who created this document? (2) Who is the author of this document? (3) Do you know who made this report? (4) Who is responsible for this file?	86
	この電話を使ってもいいですか？	(1) May I use this phone? (2) Can I use this phone right here? (3) Is it OK if I use the one on your desk?	88
	クライアントの携帯電話の番号は聞きましたか？	(1) Did you get your client's cell phone number? (2) I hope you got the client's cell phone number. (3) Did you record the client's cell phone number? (4) Did you jot down the client's cell phone number?	90
	どういう理由で遅刻したのですか？	(1) How come you were late? (2) What's the reason you were late? (3) How do you explain your tardiness?	92
	これで質問の答えになりましたか？	(1) Did it answer your question? (2) Did it satisfy your curiosity? (3) Did you get the information you needed?	94
	これは誰のパソコンですか？	(1) Whose computer is this? (2) Do you know who this computer belongs to? (3) Who owns this computer?	96
	会議には出席していただけますか？	(1) Are you able to attend the meeting? (2) Can you come to the gathering? (3) Is it possible for you to make the meeting?	97
	明日の会議は9時半開始ですよね？	(1) The meeting starts at 9:30 tomorrow, right? (2) Don't we have a meeting starting at 9:30 tomorrow? (3) The meeting is scheduled for 9:30, isn't it?	98

6 質問・確認	30日までに仕上げればよいのですね？	(1) I'm supposed to finish it by the 30th, right? (2) They want me to have it done by Friday, don't they? (3) You are expecting me to complete it in a week, aren't you?	100
	まだ報告書を提出していませんよね？	(1) You haven't submitted a report yet, have you? (2) I was just wondering if you had given the report.	102
7 提案・主張	フェニックスさんに連絡してみましょうか？	(1) Shall I contact Mr. Phoenix? (2) Would you like me to call him? (3) Do you want me to see if I can get a hold of him? (4) Shall I try phoning Mr. Phoenix?	104
	データをチェックしておきます。	(1) I'll check the data. (2) I'll go over the data. (3) I'll look over the data.	106
	明日までにはすべて仕上げます。	(1) I'll finish it up by tomorrow. (2) They will be on your desk by tomorrow. (3) I plan to have it done by tomorrow.	107
	できるだけ早くやります。	(1) I'll do it as soon as I can. (2) I'll get to it as soon as possible. (3) I'll take care of it as quickly as possible.	108
	最善を尽くします。	(1) I'll do my best. (2) I'll give it all I've got! (3) I'll do everything I can. (4) I'll help you in any way possible.	110
	お話ししたいことがあるのですが。	(1) There is something I need to talk to you about. (2) Can I discuss something with you in private? (3) I have something to tell you.	112
8 電話	Zプランニングの佐藤良男です。	(1) This is Yoshio Sato with Z Planning. (2) Z Planning, Yoshio Sato speaking. (3) Hello, Z Planning. This is Yoshio Sato speaking. (4) Thank you for calling Z Planning. This is Yoshio Sato.	114
	お名前をお聞きしてもよろしいでしょうか？	(1) May I ask your name, please? (2) May I ask who's calling, please? (3) Could you say your name again, please?	116
	どのようなご用件ですか？	(1) May I ask what this is regarding? (2) What about? (3) Could you tell me what you are calling about?	118
	お電話が遠いようなのですが。	(1) We seem to have a bad connection. (2) There's something wrong with the line, and I can't hear you well. (3) The line is breaking up and I couldn't catch what you were just saying.	120
	～につないでいただきたいのですが。	(1) Could you put me through to ～? (2) Can I speak to ～? (3) Could you connect me to ～?	122
	少々お待ちください。	(1) Please hold the line. (2) Wait a second. (3) Just a moment, please.	124

表現 INDEX

8 電話	あいにくですが，山田はただ今不在にしています。	(1) I'm afraid Mr. Yamada isn't in at the moment. (2) Mr. Yamada is currently unavailable. (3) He is out of the office right now.	126
	彼の電話番号を教えていただけますか？	(1) Could I have his phone number, please? (2) Is it possible for me to get his phone number? (3) Would you mind giving me his phone number? (4) Could you tell me his phone number?	128
	伝言をお願いできますか？	(1) Could I leave a message for him? (2) Could you give him a message from me? (3) Can you take a message?	130
	のちほどおかけ直しいただけますか？	(1) Could you call back later? (2) Would you mind contacting us again later? (3) Is it possible to give me a call?	132
	折り返しお電話差し上げるよう彼に伝えましょうか？	(1) Shall I ask him to call you back? (2) Would you like him to give you a ring? (3) I'll have him call you back if you don't mind.	134
	電話番号を復唱いたします。	(1) I'll repeat the number. (2) Let me verify the number. (3) Let me make sure I got the right number.	136
	失礼いたします。（電話を切る時のあいさつ）	(1) Good-bye. (2) Good day to you.	137
	すみません，番号を間違えたようです。	(1) I'm sorry, I must have dialed the wrong number. (2) I must have the wrong number. (3) Looks like I made a mistake dialing the number.	138
	午前中にお電話をいただきました，佐藤です。	(1) My name is Yoshio Sato. You called me this morning. (2) This is Yoshio Sato. I'm returning your call from this morning.	140
9 訪問・来客	スーザン・マクドナルドさんですか？	(1) Are you Ms. Susan McDonald? (2) Susan McDonald? (3) Would you happen to be Susan McDonald?	142
	弊社へようこそいらっしゃいました。	(1) Welcome to our company. (2) It's good to have you with us. (3) Welcome! (4) We appreciate your visiting us.	144
	本日はお招きいただきありがとうございます。	(1) Thank you for inviting us today. (2) I am honored to be here today. (3) We are so pleased that we were able to come. (4) I'm so glad that you asked us to be here today.	146
	弊社を見つけるのに苦労しませんでしたか？	(1) Did you have any problems finding our company? (2) Did you get here OK? (3) Was it hard to find our office? (4) Didn't you get lost?	148
	何か飲み物はいかがですか？	(1) Could I get you something to drink? (2) Would you like something to drink? (3) Are you thirsty?	150

9 訪問・来客	会議室までご案内します。	(1) Let me take you to the conference room. (2) The conference room is this way. (3) We can proceed to the conference room now. (4) I'd be more than happy to show you to the conference room.	152
	本日はお越しくださりありがとうございました。	(1) Thank you again for visiting with us today. (2) We are so grateful that you could be here today. (3) We appreciate your cooperation in meeting with us today.	154
	気をつけてお帰りください。	(1) I hope you have a safe trip back home. (2) Drive carefully! (3) Enjoy your flight back to ~ .	156
10 会議	では会議を始めましょう。	(1) Let's start off the meeting now. (2) Let's begin this meeting. (3) Let's get this meeting started.	158
	議題一覧表はお手元にありますか？	(1) Does everybody have a copy of the agenda? (2) Did everyone receive a copy of the agenda?	160
	~について議論しましょう。	(1) We are going to discuss ~ . (2) Let's talk about ~ . (3) Today's topic is ~ .	161
	次の議題に移りましょう。	(1) Let's move on to the next item on the agenda. (2) Let's proceed to the next item on the agenda. (3) Are we ready to go on to the next item?	162
	意見のある方は挙手をお願いします。	(1) Please raise your hand if you have any comments. (2) Please raise your hand if there's something you'd like to say. (3) Please raise your hand if you'd like to voice an opinion.	163
	あなたはどう思いますか？	(1) What do you think? (2) What's your opinion? (3) What do you suggest we do?	164
	何かつけ加えることはありますか？	(1) Would you like to add anything? (2) Is there anything you'd also like to say? (3) Does anybody have anything to add?	166
	彼と同意見です。	(1) I agree with him. (2) I am of the same opinion as Mr. Watson. (3) I am of the same mind as Mr. Roberts.	167
	すみませんが同意しかねます。	(1) I'm sorry, but I can't agree with you. (2) I beg to differ! (3) I'm sorry, but I totally disagree with that last remark.	168
	そのアイディアについての問題点を挙げます。	(1) Let me point out problems with the idea. (2) I'd like to bring the problems with the idea to your attention. (3) Let's discuss the cons of the idea.	170
	…してみてはいかがでしょうか？	(1) How about ...ing? (2) What about ...ing? (3) Why not ...?	171
	…すべきだと思います。	(1) I think we should ... (2) I think it's better to ... (3) I think the best thing we can do is to ...	172

10 会議	～を説明していただけませんか？	(1) Could you explain ～ ? (2) Would you mind telling me about ～ ? (3) Could you go over ～ ?	174
	手短にお願いできますか？	(1) Can you be brief, please? (2) Can you keep this short, please? (3) Could you get to the point?	176
	それはどういう意味ですか？	(1) What do you mean by that? (2) Could you explain what the graph implies? (3) Will you get to the point?	178
	すみません、聞き取れなかったのですが。	(1) Sorry, but I didn't catch what you just said. (2) I'm sorry, but I didn't get what you just said. (3) Excuse me, but I couldn't hear what you just said.	180
	今日はここまでにしましょう。	(1) That's all for today. (2) That's it for today. (3) Let's call it quits for today.	181
	次の会議は来週の木曜日です。	(1) The next meeting will be held next Thursday. (2) Our next meeting is scheduled for next Thursday. (3) We've planned our next meeting for next Thursday.	182
	会議にご出席くださいましてありがとうございました。	(1) Thank you for attending the meeting. (2) We appreciate your attendance at this meeting. (3) I'm glad you were able to take part in our meeting today.	184
11 商談	お話を始めましょうか？	(1) May I suggest that we begin? (2) Shall we get started? (3) Let's get down to business then, shall we?	186
	サムが当サービスについてご説明いたします。	(1) Sam will tell you about the services. (2) Sam will explain them to you. (3) Sam will take over and give you a full description of the service.	187
	こちらが弊社の新製品です。	(1) This is our new product. (2) Let me introduce our most recent product. (3) I'd like to present our new product line.	188
	それは興味深いですね。	(1) That sounds interesting. (2) Interesting!	190
	つまり…なのですか？	(1) You mean ...? (2) Are you saying that ...? (3) Does that mean ...?	191
	もう少しお安くなりませんか？	(1) Could you please lower the price? (2) Is it possible to get a discount? (3) Would you be willing to reduce the price?	192
	～は承諾できません。	(1) We can't accept ～ . (2) ～ would be difficult for us to accept. (3) We would like to renegotiate ～ .	194
	～をどう思われますか？	(1) Could you please tell us what you think about ～ ? (2) How do you feel about ～ ? (3) Tell us your initial reaction to ～ .	196

11 商談	弊社のサービスに興味をおもちいただき光栄です。	(1) We are honored you are interested in our services. (2) We appreciate your interest in our services. (3) We are glad you find our services interesting.	198
	弊社製品がニーズに合うようでしたら，どうぞご購入をご検討ください。	(1) If you think our products fit your needs, please consider purchasing them. (2) Choose our products if you think they will suit your needs. (3) Select our products if you think they best match what you are looking for.	200
	来週の木曜日までにお返事いただきたいのですが。	(1) We'd like a response by next Thursday. (2) Let us know what you have decided by next Thursday. (3) Would it be possible to get your final decision by next Thursday?	202
	来週お会いするまでに契約書を作成します。	(1) I'll write up a contract by the time I see you next week. (2) I'll draw up the contract before we meet again next week. (3) I'll have our lawyers write one up before we get together again next week.	204
12 プレゼン	今日は，〜についてお話しします。	(1) Today, I'm going to talk about 〜 . (2) The title of today's presentation is 〜 . (3) Today I am here to talk to you about 〜 .	206
	話の後にディスカッションの時間を設けます。	(1) We'll have a discussion session after my talk. (2) The presentation will be followed by a 5-to-10-minute question and answer period. (3) After my talk, you will have the opportunity to ask me any questions you might have.	208
	スクリーンをご覧いただけますか？	(1) Could you please take a look at the screen? (2) Glance up at the screen. (3) I'd like to direct your attention to the screen.	210
	こちらのグラフは〜を示しています。	(1) The graph shows 〜 . (2) The data included in Figure 1 indicate that 〜 . (3) The following table reveals 〜 .	212
	〜をご覧いただいてわかるように，…	(1) As you can see from 〜 , ... (2) ... as 〜 indicates. (3) 〜 provides evidence that ...	214
	例えば，…	(1) For example, ... (2) such as 〜 (3) A good example of this is 〜 .	216
	つまり，…	(1) In other words, ... (2) Let me put it another way. (3) What I mean is that ...	217
	この件につきましてはのちほどお話しします。	(1) I'll go into this subject later. (2) We will cover this topic later. (3) I'll discuss the results of the product testing in a couple of minutes. (4) In a little while, I will share with you some of what we have already considered.	218

表現 INDEX

12 プレゼン	どなたかご質問はありませんか？	(1) Does anybody have any questions? (2) Are there any questions? (3) I'd like to open up the floor to questions.	220
	私の意見では，…	(1) In my opinion, ... (2) To the best of my knowledge, ... (3) ... as far as I can tell. (4) Based on my experiences, ...	222
	わかりました。	(1) I see. (2) I think I understand what you mean. (3) I get it. (4) I see your point.	224
	おっしゃる通り，…	(1) As you say, ... (2) You are right, ... (3) According to you, ..., and I agree.	226
	興味深い意見をありがとうございます。	(1) Thank you for your interesting opinion. (2) That's a very insightful comment! (3) I appreciate your feedback!	228
	ご清聴ありがとうございました。	(1) Thank you very much for your attention. (2) Thanks for listening. (3) I'd like to thank you all for your patience, your participation, and your enthusiasm.	230

キーワード INDEX

言いたい表現に含まれるキーワードや言いたい内容に関連する語句から，見出しになっている日本語表現を探すことのできる索引です。
同じキーワードが含まれる他の表現も確認し，その語句に対するさまざまな表現方法を覚えるのにもお役立てください。

あ		
あいにく	8-7　あいにくですが，山田はただ今不在にしています。	126
会う	1-2　お会いできてうれしいです。	14
	11-12　来週お会いするまでに契約書を作成します。	204
ありがとう・感謝	3-5　感謝しています。	39
	9-3　本日はお招きいただきありがとうございます。	146
	9-7　本日はお越しくださりありがとうございました。	154
	10-19　会議にご出席くださいましてありがとうございました。	184
	12-13　興味深い意見をありがとうございます。	228
	12-14　ご清聴ありがとうございました。	230
案内	9-6　会議室までご案内します。	152
意見・考え	10-5　意見のある方は挙手をお願いします。	163
	10-6　あなたはどう思いますか？	164
	10-7　何かつけ加えることはありますか？	166
	10-8　彼と同意見です。	167
	10-9　すみませんが同意しかねます。	168
	10-10　そのアイディアについての問題点を挙げます。	170
	11-8　～をどう思われますか？	196
	12-10　私の意見では，…	222
	12-13　興味深い意見をありがとうございます。	228
忙しい	4-9　申し訳ないのですが，今は忙しくて手が離せません。	63
今	5-4　たった今，あなた宛ての荷物が届きました。	54
意味	10-15　それはどういう意味ですか？	178
うれしい・光栄	1-2　お会いできてうれしいです。	14

うれしい・光栄	11-9　弊社のサービスに興味をおもちいただき光栄です。	198
おかげ	3-3　あなたのおかげです。	37
送る・届ける	5-3　もう発送済みです。	62
	5-4　たった今，あなた宛ての荷物が届きました。	63
	5-7　この書類をあなたに渡すように頼まれました。	67
教える	2-7　この機械の使い方を教えていただけませんか？	32
	8-8　彼の電話番号を教えていただけますか？	128
お世話	1-6　お世話になっております。	20
恐れ入る	3-6　恐れ入ります。	40
お手数	4-7　お手数をおかけします。	52
お願い	10-14　手短にお願いできますか？	176

か

会議	4-11　会議には出席できません。	58
	5-14　会議は中止されました。	74
	5-15　会議の予定が変更されました。	76
	6-10　会議には出席していただけますか？	97
	6-11　明日の会議は9時半開始ですよね？	98
	9-6　会議室までご案内します。	152
	10-1　では会議を始めましょう。	158
	10-18　次の会議は来週の木曜日です。	182
	10-19　会議にご出席くださいましてありがとうございました。	184
回答	6-8　これで質問の答えになりましたか？	94
帰る	9-8　気をつけてお帰りください。	156
がんばる	3-1　最近，本当にがんばっているね。	34
	3-2　これからもその調子でがんばって！	36
	7-5　最善を尽くします。	110
完了・終了	5-5　すべて完了しました。	64
	10-17　今日はここまでにしましょう。	181

聞く	10-16　すみません，聞き取れなかったのですが。	180
議事録	2-6　議事録のコピーをいただけませんか？	31
議題	10-2　議題一覧表はお手元にありますか？	160
	10-4　次の議題に移りましょう。	162
興味	11-4　それは興味深いですね。	190
	11-9　弊社のサービスに興味をおもちいただき光栄です。	198
	12-13　興味深い意見をありがとうございます。	228
許可	2-1　もう少し時間をいただけませんか？	22
	2-2　お休みをいただきたいのですが。	24
	6-3　エアコンの温度を下げてもかまいませんか？	84
	6-5　この電話を使ってもいいですか？	88
議論	10-3　～について議論しましょう。	161
気をつける	4-5　今後は気をつけます。	48
	9-8　気をつけてお帰りください。	156
クライアント	5-11　今日の午後にクライアントと会う予定です。	71
	6-6　クライアントの携帯電話の番号は聞きましたか？	90
苦労	9-4　弊社を見つけるのに苦労しませんでしたか？	148
契約書	11-12　来週お会いするまでに契約書を作成します。	204
検討	11-10　弊社製品がニーズに合うようでしたら，どうぞ購入をご検討ください。	200
購入	11-10　弊社製品がニーズに合うようでしたら，どうぞ購入をご検討ください。	200
故障	5-6　プリンターが壊れてしまったようです。	66
コピー	2-6　議事録のコピーをいただけませんか？	31
	5-2　2部コピーをとっておきました。	61
	6-2　コピー用紙はどこにありますか？	82
今後	4-5　今後は気をつけます。	48

さ

最近	3-1　最近，本当にがんばっているね。	34
	4-3　最近，注意散漫だよ。	45

残念	4-10　残念ながらわかりません。	56
仕上げる	6-12　30日までに仕上げればよいのですね？	100
	7-3　明日までにはすべて仕上げます。	107
時間	2-1　もう少し時間をいただけませんか？	22
至急	2-3　至急，彼に折り返し電話をしてください。	26
自己紹介	1-1　人事部の佐藤良男です。	12
	8-1　Zプランニングの佐藤良男です。	114
質問	6-8　これで質問の答えになりましたか？	94
	12-9　どなたかご質問はありませんか？	220
失礼	1-5　失礼いたします。（入室時のあいさつ）	19
	8-13　失礼いたします。（電話を切る時のあいさつ）	137
示す	12-4　こちらのグラフは〜を示しています。	212
重要	4-2　これは重要だって言っておいたでしょう？	44
出席	4-11　会議には出席できません。	58
	6-10　会議には出席していただけますか？	97
	10-19　会議にご出席くださいましてありがとうございました。	184
出張	5-9　明日から出張です。	69
承諾	11-7　〜は承諾できません。	194
書類・文書	2-4　この文書に目を通してくださいませんか？	28
	5-7　この書類をあなたに渡すように頼まれました。	67
	6-4　この書類は誰が作成したのですか？	86
	6-13　まだ報告書を提出していませんよね？	102
少し・ちょっと	6-1　すみません，ちょっとよろしいですか？	80
	8-6　少々お待ちください。	124
すみません	6-1　すみません，ちょっとよろしいですか？	80
	8-14　すみません，番号を間違えたようです。	138
	10-9　すみませんが同意しかねます。	168
	10-16　すみません，聞き取れなかったのですが。	180

製品	11-3	こちらが弊社の新製品です。	188
	11-10	弊社製品がニーズに合うようでしたら，どうぞ購入をご検討ください。	200
責任	4-6	すべて私の責任です。	50
説明	10-13	〜を説明していただけませんか？	174
	11-2	サムが当サービスについてご説明いたします。	187

た

助かる	3-4	とても助かりました。	38
例えば	12-6	例えば，…	216
誰	6-4	この書類は誰が作成したのですか？	86
	6-9	これは誰のパソコンですか？	96
チェック	2-4	この文書に目を通してくださいませんか？	28
	7-2	データをチェックしておきます。	106
遅刻	6-7	どういう理由で遅刻したのですか？	92
注意	4-3	最近，注意散漫だよ。	45
中止	5-14	会議は中止されました。	74
使い方	2-7	この機械の使い方を教えていただけませんか？	32
次	10-4	次の議題に移りましょう。	162
	10-18	次の会議は来週の木曜日です。	182
つなぐ	8-5	〜につないでいただきたいのですが。	122
つまり	11-5	つまり…なのですか？	191
	12-7	つまり，…	217
提案	10-11	…してみてはいかがでしょうか？	171
	10-12	…すべきだと思います。	172
提出	6-13	まだ報告書を提出していませんよね？	102
手伝い	4-8	お手伝いできたらいいのですが。	53
手短	10-14	手短にお願いできますか？	176
伝言	5-8	フィンレーさんが，あなたに話があるそうです。	68
	5-17	折り返し電話してほしいとのことです。	78

伝言	8-9 伝言をお願いできますか？		130
	8-11 折り返しお電話差し上げるよう彼に伝えましょうか？		134
電話	2-3 至急，彼に折り返し電話をしてください。		26
	5-16 ホープ・ワトソンさんから午前中にお電話がありました。		77
	5-17 折り返し電話してほしいとのことです。		78
	6-5 この電話を使ってもいいですか？		88
	8-4 お電話が遠いようなのですが。		120
	8-8 彼の電話番号を教えていただけますか？		128
	8-11 折り返しお電話差し上げるよう彼に伝えましょうか？		134
	8-12 電話番号を復唱いたします。		136
	8-15 午前中にお電話をいただきました，佐藤です。		140
同意	10-8 彼と同意見です。		167
	12-12 おっしゃる通り，…		226
な			
直す	2-5 英語のミスがあったら直してくださいますか？		30
名前	1-1 人事部の佐藤良男です。		12
	8-1 Ｚプランニングの佐藤良男です。		114
	8-2 お名前をお聞きしてもよろしいでしょうか？		116
	8-15 午前中にお電話をいただきました，佐藤です。		140
	9-1 スーザン・マクドナルドさんですか？		142
荷物	5-4 たった今，あなた宛ての荷物が届きました。		63
のちほど・後で	8-10 のちほどおかけ直しいただけますか？		132
	12-2 話の後にディスカッションの時間を設けます。		208
	12-8 この件につきましてはのちほどお話しします。		218
飲み物	9-5 何か飲み物はいかがですか？		150
は			
始める・開始	6-11 明日の会議は9時半開始ですよね？		98
	10-1 では会議を始めましょう。		158

始める・開始	11-1　お話を始めましょうか？	186
場所	6-2　コピー用紙はどこにありますか？	82
パソコン	6-9　これは誰のパソコンですか？	96
働く	1-4　ここで働き初めて15年になります。	18
話・話す	5-8　フィンレーさんが，あなたに話があるそうです。	68
	7-6　お話ししたいことがあるのですが。	112
	11-1　お話を始めましょうか？	186
	12-1　今日は，～についてお話しします。	206
	12-8　この件につきましてはのちほどお話しします。	218
早く	7-4　できるだけ早くやります。	108
番号	8-8　彼の電話番号を教えていただけますか？	128
	8-12　電話番号を復唱いたします。	136
	8-14　すみません，番号を間違えたようです。	138
反対	10-9　すみませんが同意しかねます。	168
不在	8-7　あいにくですが，山田はただ今不在にしています。	126
変更	5-15　会議の予定が変更されました。	76
返事	11-11　来週の木曜日までにお返事いただきたいのですが。	202

ま

間違い・ミス	2-5　英語のミスがあったら直してくださいますか？	30
	4-1　これ以上のミスは許されません。	42
	8-14　すみません，番号を間違えたようです。	138
待つ	8-6　少々お待ちください。	124
見る	12-3　スクリーンをご覧いただけますか？	210
メール	5-1　メールを転送しておきました。	60
申し訳ない	4-4　申し訳ありませんでした。	46
	4-9　申し訳ないのですが，今は忙しくて手が離せません。	54
もう少し	2-1　もう少し時間をいただけませんか？	22
	11-6　もう少しお安くなりませんか？	192

戻る	5-10　７月５日に戻ってきます。	70
問題	10-10　そのアイディアについての問題点を挙げます。	170
や		
安い	11-6　もう少しお安くなりませんか？	192
休み	2-2　お休みをいただきたいのですが。	24
	5-13　１週間お休みをいただきます。	73
許す	4-1　これ以上のミスは許されません。	42
用件	8-3　どのようなご用件ですか？	118
ようこそ	9-2　弊社へようこそいらっしゃいました。	144
予定	5-11　今日の午後にクライアントと会う予定です。	71
	5-15　会議の予定が変更されました。	76
よろしく	1-3　どうぞよろしくお願いします。	16
ら		
来社	5-12　来週月曜日にジョンソンさんが来社されます。	72
	9-4　弊社を見つけるのに苦労しませんでしたか？	148
	9-7　本日はお越しくださりありがとうございました。	154
理由	6-7　どういう理由で遅刻したのですか？	92
連絡	7-1　フェニックスさんに連絡してみましょうか？	104
わ		
わかる／わからない	4-10　残念ながらわかりません。	56
	12-5　～をご覧いただいてわかるように，…	214
	12-11　わかりました。	224

【編集協力】豊田佐恵子
【CD録音時間】Disk1：44分09秒　Disk2：54分14秒
【CD吹き込み】水月優希，Bianca Allen, Jack Merluzzi

ビジネス英語　シンプル会話表現400

初版第1刷発行……………	2009年11月20日
初版第2刷発行……………	2010年 1月10日
著者………………………	小島加奈子，Robert J. Trader
発行人……………………	加藤文夫
発行………………………	株式会社 Z会
	〒411-0943　静岡県駿東郡長泉町下土狩 105-17
	TEL 055-976-9095
	http://www.zkai.co.jp/books/
装丁………………………	堀内美保（TYPEFACE）
本文デザイン……………	株式会社 デジタルプレス
印刷・製本・CD制作……	日経印刷株式会社
CD録音・編集……………	財団法人 英語教育協議会（ELEC）

© 小島加奈子，Robert J. Trader　2009
★無断で複写・複製することを禁じます
定価はカバーに表示してあります
乱丁・落丁はお取り替えいたします
ISBN 978-4-86290-047-0　C0082